Ege Soley 1983'te İstanbul'da doğdu. İtalyan Lisesi'nin ardından İngiltere / Canterbury'deki University of Kent, Avrupa politikası, İtalyanca ve İspanyolca bölümlerinden mezun oldu. Üniversite eğitiminin ardından Paris'e gitti ve dört sene boyunca eşzamanlı olarak Pascal Mutel'in çiçek butiğinde çalışıp bir yandan da Ecole des Fleuristes de Paris'te çiçekçilik ve botanik eğitimi aldı.

2011'de İstanbul'a dönüp kendi adını taşıyan çiçek dükkânını açan Soley, 2015'te de sadece Türkiyeli kadınların ürettiği tasarım ürünlerinin satıldığı, yavaş yaşam ve yavaş tasarım anlayışlarını destekleyen Slow Public'i kurdu.

Sakin

SAKİN

Yazan: Ege Soley
Editör: Necla Feroğlu

Yayın hakları: © Doğan Egmont Yayıncılık ve Yapımcılık Tic. A.Ş.
1. baskı / Ağustos 2019
6. baskı / Kasım 2019 / ISBN 978-605-09-6561-2
Her 2000 adet bir baskı olarak kabul edilmektedir.
Sertifika no: 11940

Kapak tasarımı: Geray Gençer
Kapak ve kitap illüstrasyon: Bengisu Yayla Baki
Kitap tasarım: Hülya Aktaş
Baskı: Yıkılmazlar Basın Yayın Prom. ve Kağıt San. Tic. Ltd. Şti.
Evren Mah. Gülbahar Cad. No: 62 / C Güneşli - Bağcılar - İSTANBUL
Tel: (212) 515 49 47
Sertifika no: 45464

Doğan Egmont Yayıncılık ve Yapımcılık Tic. A.Ş.
19 Mayıs Cad. Golden Plaza No. 3, Kat 10, 34360 Şişli - İSTANBUL
Tel. (212) 373 77 00 / Faks (212) 355 83 16

Sakin

Ege Soley

Doğan novus

1

Koşmayı bıraktığımız gün, vardığımız gün. Aramayı bıraktığımız gün, bulduğumuz gün. Konuşmayı bıraktığımız gün, duyduğumuz gün.

Bizim olduğunu sandığımız şeylerin hiçbir zaman gerçekten bize ait olmadığını anladığımız gün, artık her şeye sahip olduğumuz gün.

2

Kendimi bildim bileli içimde hep atlar koşturdu.
Hiç durmaması tembihlenmiş, birbirinin peşi sıra dörtnala atlar.

Ben alışıktım böyle yaşamaya, hatta herkesi benim gibi sanırdım. Yapmam gereken her iş vaktinde değil mutlaka daha erken bitmeliydi, gitmem gereken her yere en azından on dakika önce varmalıydım. Her zaman olan biteni kontrol edecek zamanım, başıma gelecek olası sıkıntılara karşı bir B planım ve elbette çok büyük, dinleyen herkesin ağzını sulandıran hedeflerim olmalıydı.

İçimdeki atların kırbacı hep mantığımın elindeydi.
Onlar koşmazlarsa düşerdim.
Düşmek mi? O ise kabul edilebilecek bir şey değildi.

Hep yükselen örneklere bakarak büyümüştüm; başarı mutlaka elde edilmesi gereken bir zaferdi. Başarı mutlak bir hayat amacı, atılan her bir adımın sebebiydi. Evin pek girilmeyen bir odasında, kalın, altın varaklı bir çerçevenin içinden bana bakan, aslında hiç tanımadığım ama kendisi gibi olmam istenen bir aile büyüğüydü başarı. Ellerini dizlerinin üzerinde kavuşturmuş, gözlerinde tatmin dolu bir bakışla, aynısını benden bekliyor gibiydi. Yıllarca orada öylece asılı kaldı, yıllarca benden kendisi gibi olmamı istedi.

Uzun zaman o tablodaki insana benzemeye çalıştım.
Ve tüm bu süre boyunca kendimden hiç memnun olmadım.

Olamadığım ve yapamadığım her şey için hep kendimi suçladım.

Daha erken uyanamadığım, daha çok çalışmadığım, sağdakine benzemediğim, soldakinden kısa kaldığım, önümdekinin arkasından kendimi gösteremediğim için hep kendimi azarladım. Çünkü çok çalışmak lazımdı, geceyi gündüze katıp çalışmak. Esas kazanç çok çalıştığında geliyordu insana; uğruna savaşılmamış hiçbir şey değerli değildi. Kendime hep olmam gereken uzak yerleri gösterdim, parmağımın ucuyla hep en olmayacak yerleri işaret ettim. Ulaşacak yerler hiç bitmedi ve ben her defasında kendime aferin demeyi erteledim. Bir gün olsun kendimi takdir etmeyi düşünmedim. Nasıl olsa çalışıyor, nasıl olsa savaşıyordum. Kendime verdiğim kıymeti hep gözle görülür becerilere, elle tutulur başarılara ve başkalarından gelen alkışlara endeksledim. Oysa içimdeki atların bana bıraktığı koca bir toz bulutuydu; her gün bir sonraki güne taşıyabildiğim tek şey sadece buydu.

Sonra bir gün geldi, kendimin kendimle olan kavgasının beni ne kadar yorduğunu fark ettim. Bir ben bağırırken diğer benin suçlulukla susmasını izlemekten; olamadığım, varamadığım, yapamadığım ve yakalayamadığım her bir şey için hırpalanmaktan bir anda kaçar gibi vazgeçtim.

Elimde olana, olduğum kadarına baktım. Neler başarmam gerektiğini değil, sadece nerede olmak istediğimi hatırladım. Olduğum insanı, doğduğum insanı kabul ettim. Olamadığım tüm insanları karşıma aldım, uzun zamanlara yaya yaya hepsiyle barıştım. Kendimle uzun uzun sustuğum, daha uzun konuştuğum aylar geçti. Sorsalar, hâlâ ne hedeflerimden ne istediklerimden ne de başarının ne anlama geldiğinden emindim. Fakat artık çok iyi bildiğim bir şey vardı; yıllar boyunca içimi istila eden büyük hedefler, zoraki mecburiyetler ve parlak sıfatlar tüm albenisini yitirmişti.

O zamanlardan sonra ben inatla sesi hiç duyulmamış tarafımı dinlemeye ve o cılız sesin bana anlattıklarını anlamaya çalıştım. Bir gün geldi onunla da anlaştım; içimdeki gerçeğin benden tek beklentisi sadece özgürlüktü.

Aklımın ve ruhumun içinden tüm hayatıma yayılan, sade, apaçık bir özgürlük.

İlk kez kendi başımı okşadım ve kendimle yeniden tanıştım.

Aza değil sadeye tamah ettim.

Atları sakinleştirdim, süvarileri indirdim, her birini azat ettim.

Vitesini elimde tuttuğum, varılacak hiçbir noktasının olmadığı, sadece yanından ve içinden geçtiğim güzel manzaralarla ilgilendiğim bir yola çıktım.

Ben buydum, bu kadardım, bu kadar olmak istiyordum.

Ben hâlâ buyum, bu kadarım ve olduğum kadarını seviyorum.

3

Önce bütün mecburiyetleri bir kenara koyalım.
Yıllar boyunca ezberletilenler kolay unutulmuyor ama olsun, biz kendi kendimize, ufak ufak konuşalım.

Hem derdimiz başkalarını inandırmak değil, önce hepsine sadece biz inanalım.

En güzel değil, sadece özgür olmak zorundayız.

Birilerine yetişmek için koşmak değil,
önümüzdeki yol boyunca derin nefesler
almak zorundayız.
Çok başarılı olmak değil,
olabildiğimize sarılmak zorundayız.
Ayakkabılarımızın burnunu değil,
gözümüzün ışığını parlatmak zorundayız.
Hep mutlu değil ama evet hep, hep umutlu olmak zorundayız.

Yıllar boyunca üstümüze sağdan soldan sıçrayan kir pasa rağmen, inatla ve sebatla kendi saçlarımızı taramak, omuzlarımızı ovmak, kuytu köşelerimizin tozunu almak zorundayız.

İstediğimiz zaman kollarımızı göğe uzatıp döne dolana dans edebilmek, istediğimiz zaman herkesin ortasına, tam oracığa yığılabilmek ve yerimizden kalkmak için kendimize dünyanın bütün vaktini tanıyabilmek zorundayız.

Önce bütün mecburiyetleri bir kenara koyalım.

Şimdilik belki sadece yalnızken.

Canımız isterse, belki başkalarına da açılırız.

petrichor

Ömrümde duyduğum en güzel kelimelerden, en güzel tanımlardan. Bir kere öğrendikten sonra hiç unutamadıklarımdan. Antik Yunancada *petra* taş, *-ichor* ise tanrıların damarlarında akan büyülü sıvı anlamına gelir. Çok yağmur yağdıktan sonra ortalığa sinen ve bir türlü tarif edilemeyen güzel bir koku vardır ya, işte ona *petrichor* denir.

Hem belki de yağmur zaten gökyüzünde oturan tanrıların bize bir armağanıdır; biz öyle olduğuna inanmak istesek kim karışabilir?

4

İtiraf edelim, çok uzağız hakikate. İnsanın kendi gerçeğine belki de tüm tarih boyunca en uzak olduğu zamanlardayız. Ne olduğumuzu bilmeden, aramaya fırsat bulamadan sadece bize öğretilenleri yapıyoruz. O sana yakışmaz diyorlar, elimizdekini denemeden bırakıp başka bir ceket giyiyoruz. Onlar sağa sapıyor, biz de sağa sapıyoruz. Onlar koşuyor, biz de koşuyoruz. Onlar duruyor, biz yine koşuyoruz. Çünkü hayat hızlı, çünkü hep zamanla yarışıyoruz. Hep birileri oluyoruz; parlak sıfatlara, parlak ayakkabılara, parlak arabalara kanıyoruz. Yalan değil, buna çoğunlukla hepimiz bayılıyoruz. Üzerimize yapıştırılan tonlarca etiketin bazısından utanıyor, bazısını gözümüzden sakınıp sıkı sıkı tutuyoruz. Tüm bu telaş sürerken gün boyunca tozu dumana katıyor, akşam eve geldiğimizde üzerimizdeki tozu silkeleyemeden bitap düşmüş oluyoruz.

Düşmek ise ayrı bir utanç vesikası; durduğumuz, durulduğumuz her anı kendimize dar ediyoruz. Bir türlü olmuyor, biz ne yapsak kendimizle tanışamıyoruz. Şanslıysak yolun bir noktasında kaybolduğumuzu hissediyor, daha da şanslıysak kendi yolumuzu aramak için cesaretimizi topluyoruz.

Yol, işte o zaman açılıyor.
Hayat, işte o zaman başlıyor.
Ve o yol sadece çırılçıplak yürünüyor.

Varlığını gerçek anlamıyla hissedebilmek için insanın kendi özünde yanan ışığı inatla araması, bazen fazlasıyla meşakkatli yollar sonunda onunla karşılaşması, hatta ekseriyetle çocukluk anılarına dönüp onu orada bulması gerekiyor. Üzerindeki kalıp, görev ve mecburiyetlerden temizlenmesi, o güne dek sahip olduğu her bir sıfattan kurtulması, kendine yakıştırdığı ve başkalarının yapıştırdığı etiketlerden arınması gerekiyor. İnsan hazır olduğunda bunun önüne geçemiyor, bir daha görmezden gelemiyor. Önce teker teker soyuyor kabuklarını üzerinden. Bazıları çok kanıyor, bazılarının varlığını sadece elini dokundurduğunda hatırlıyor. Aklına insanlar, yollar, sözler geliyor; hepsini anıyor, sonra hepsini orada bırakıyor. Çünkü bu yol çırılçıplak kalmadan yürünmüyor, insan onca ağırlıkla istese de ilerleyemiyor. Yol, pespembe tenini, en güneş görmemiş köşelerini, en çekingen hallerini cesaretle ortaya çıkarmayanın önüne serilmiyor. İnsan sızlayan bedenine, karışık aklına ve içinde titreyen korkuya rağmen soyunuyor. Çünkü bu kendine doğru yürüme yolu acıyla ve umutla, kırık ve döküklle, omza asılan kararmış madalyalar ve hiçbir zaman ulaşılamamış başarılarla barışmakla başlıyor.

Bir kere soyundu mu insan, ne kadar sıradan ve ne kadar olağan olduğunu görüyor. Havalı tariflerden, onu yıllar boyunca kendinden başka her şeye benzeten, aslını unutturan etiketlerinden kurtulunca anlıyor ne kadar diğerleri gibi olduğunu. Gözüne çarpan ağacın dalındaki kargadan, karganın gözüne kestirdiği solucana, okyanusun hiç kimse görmeden kırılan ufacık bir dalgasından, zamanı geldiğinde tomurcuğunu sessizce patlatan bir hanımeline kadar, her şeyle ne kadar aynı, ne kadar bir olduğunu sadece o zaman anlıyor.

Ve rahatlıyor. Yüklerinden arınmanın rahatlığı da değil bu; yük dediğin zamanla geri gelebiliyor. Daha ziyade uzun bir yolculuktan eve dönmek gibi, çünkü insan eve dönünce bir daha arkasına bakma ihtiyacı duymuyor. Çünkü hiçbir yer insana evi kadar güven vermiyor. Nihayet evde olmanın rahatlığı bu. Kendin olmanın, sadece "varolmanın" rahatlığı.

İnsan rahatlıyor. İnsan, gözlerini hakikate açtıkça sayılamayacak kadar çok kardeşi ve adımını attığı her yerin evi olduğunu görüyor. Kocaman bir kucakta, her şeye rağmen hep korunduğunu fark ediyor.

Bundan sonra insan istese de bir daha eskisi gibi olamıyor. Geçmişi boyunca düşünen, savaşan, planlayan ve endişelenen insan, artık gerçek doğasına ayak uydurmak istiyor. Zor oluyor, çok zaman alıyor ama isterse insan bunu da yapıyor.

Şimdi sen de tam buradan başla. Hepimizi olduğu gibi kabul eden nokta, tam da bu nokta. Gözüne bir ağacı kestir veya bir kediyi, bir kuşu, bir salyangozu. Seninle aynı ruhu taşıyan sayısız candan hangisini istersen ona bak, biraz onun gibi olmayı dene. Ne kadar istersen, ne kadar yapabilirsen.

Bir kedi gibi telaşsızca otur. Uzaklara bak. Dünya yansa sana hiçbir şey olmayacakmış gibi sakin ol. Hareketsizce, yapman gereken tek iş buymuş, hayata sadece bunun için gelmişsin gibi otur. Çünkü sen de biliyorsun, gördüğün tüm kediler tam da böyle oturur. Sadece durur, sadece olur. Kedi, hayatı boyunca sadece bir kedi olur. Tüm varlığı, tüm görevi budur.

Çünkü doğa numara yapmaz, doğa neyse odur.

Veya pencerenden görünen ağaç gibi ol. Rüzgâr eserse eğil, yağmur yağarsa ıslan, kollarına, kanatlarına, dallarına konan her şeyi sevgiyle karşıla. Kavga etme. Savaşma. Sadece ol. Çünkü bir ağaç ne kendini diğerlerinden aşağı görür, ne kendi meyvesinin daha lezzetli olduğunu savunur. Ağaç vakti geldiğinde çiçek açar, zamanı gelir, meyve verir. Çünkü ağaç bunun için vardır, doğa olduğu kadardır.

Savaşsız, çabasız ve dolaysız olmayı öğrenmek, doğayı dinleyerek mümkün. Varoluşun sırlarını anlamak, doğan ve solan, açan ve kuruyan, olan ve oluşan hayatı tanıyarak mümkün. İnsanın kendi sularını sakinleştirmesi kıyıya vurdukça taşları oyan dalgaları gözleyerek, içinin dengesini oturtması avını gözleyen bir çitayı ve ondan kaçan bir ceylanı izleyerek mümkün.

Çiçeklerin bir gün solup gideceklerini hiç düşünmeden en güzel renklerini açmalarından, martıların başı dönmeden üzerimize yükselmelerinden, incecik filizlerin rüzgârla kibarca eğilip sonra yeniden cesaretle dikilmesinden öğreneceğimiz çok şey var.

Sen sormaya, soyunmaya ve kendini tanımaya cesaret et.

Doğadaki hakikatin her soruya bir cevabı var.

5

Senin haricinde her şeyi besleyen, senden başka her şeye benzeyen ve günün sonunda elinde koca bir hiçle koltuğa yığıldığın zamanlar boyunca kendinden başka herkese hizmet ettin. Ne diyeceklerini çok fazla önemsedin, ne demeyeceklerini de. Hep cevaplar, onaylar, aferinler peşinde koştun. Kendini değil gerçekten düşünmek, eski bir arkadaşını arar gibi hatırlamayı, merakla hatırını sormayı unuttun. Hep başkalarını düşündün, ilk sıraya hep onları koydun; onların hissettiklerini, sevinçlerini, üzüntülerini. Hiç durmadan alacaklarının peşinde koştun ve aradıklarının hep onların cebinde olduğunu sandın. Haklısın çünkü kendini bildin bileli hep buna inandırıldın.

Oysa her zaman ikinci bir yol var.

Ve elbette bir de her zaman kendini ilk sıraya koymak için sağlam bir sebebin…

Her şeyden önce kendini hatırla. Uzun

zamandır görüşmediğin, ihmal ettiğin ama çok sevdiğin bir çocukluk arkadaşını düşünür gibi düşün kendini. Belki tam da o çocuk halini. Ne kadarını hatırlayabiliyorsan, gözünün önüne ne kadarını getirebiliyorsan. Sevdiklerini, kaçtıklarını, korktuklarını, telaşlarını hatırla. Kendini tanı. Her gün biraz daha, hep yeni baştan. Yeni tanıştığın ama içten içe çok seveceğine emin olduğun biri gibi tanı. Kendini kendine aç, daha önce kimselere açmadığın kadar. Gerçekten ne istediğini anlat; kelimelerle tarif edemeyeceğin kadar kuvvetli olan ne varsa tam da onu. Neyi özlediğini, nelerden kurtulmak, nelere sarılmak istediğini anlat kendine.

Kendini dinle. Kendini düşün. Utanmadan düşün. İnsan olduğunu, kırılgan olduğunu, hem mükemmellikten çok uzak, hem mükemmelliğin ta kendisi olduğunu hatırlayarak düşün. Gerekirse günlere, gerekirse aylara bölerek düşün. Uzun uzun konuş, uzun uzun dinle. Sen, ne istediğini anlatsın sana. İçindeki boş kalmış çukurlarını, susuz çorak topraklarını, ağzına kadar dolmuş dolaplarını anlatsın. Utanmadan dinle. O anlatsın, sen düşün. Kendine, kendi gözlerinle bak. Ve ilk kez başkalarının değil, senin kendi gözlerinde ne gördüğünü önemse.

Kendini tanımaya başladıkça daha önce hiç tatmadığın bir his yayılacak içine. Korkuyla karışık bir coşku, içindeki sıkışık şişelerin mantarlarını göğe doğru tek tek fırlatacak. Gözünü alacak ışıklar çakacak bir yerlerde. Yıllar-

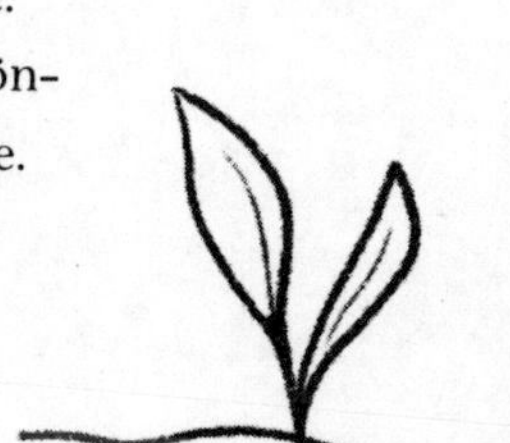

ca havasız kalmış odalarının perdeleri açılacak, kanepelere serilmiş tozlu çarşaflar bir kenara atılacak. Tertemiz bir hava dolaşacak koridorlarında ve bir anda yepyeni yollar, yürünmeyi bekleyen bakir patikalar çıkacak karşına.

Sakın korkma.

Korkman gereken tek şeyin yıpranmış alışkanlıklar, fazla yürünmüş yollar ve ezbere atılan adımlar olduğunu sakın unutma.

Yeniye güven, umuda güven, sana kendini açan sana güven.

Senden daha önemli hiçbir şey yok hayatında; aynaya baktığın her sabah her şeyden önce bunu hatırla.

6

Her çiçeğin açacağı bir zaman vardır belki;
ya da belki bazı çiçekler hiç açmaz, hep öyle kalır.
Bizim dersimiz de hepsini sevmektir belki;
bir en deli açana alışır insan, bir kendini en gösteremeyene sarılır.
Hayat ufacık iki yaprak arasından uçuşan nefes kadardır belki, cümlesi saniyeden kısa sürer de kokusu satır satır akıllara asılı kalır.

sessizce otur

Aklındaki telaşları sakinleştirmek, daha sağlıklı fikirler üretmek veya kalbinin kanatlarını hafifletmek; hangisini istersen iste, tüm çare sende. Neredeysen sessiz bir yere git, nasıl rahat edersen öyle otur. Gözlerini kapat, sadece kendini, bedenini hisset. Sakince aldığın her nefesin önce vücudunda gezinişini, sonra da aynı hafiflikle seni terk edişini fark et. Bırak aklına düşünceler gelsin, sonra da izin ver hepsi aklına yerleşmeden gitsin. Hiçbir fikre tutunma; sadece kendini, orada sakince oturan bedeni ve içindeki özü hatırla. İster iki, ister beş, ister on beş; canın ne kadarını çekerse o kadar kendinle kal, tüm dünyayı kendini dinlemek için kapının dışında bırak.

Gözlerini açıp yeniden hayata karıştığında her şey öncekinden biraz daha güzel olacak.

Ve ne zaman ki bu sihirli dakikalar yavaş yavaş her gününe yayılacak, işte o zaman için bambaşka renklerle yıkanacak. Benden sana söz.

7

Havalı sözlere, zor tariflere gerek yok. Tüm varlığını, hislerini ve zamanını hediye ettiğin her an meditasyondur. Hepsi bu kadar basit.

Öncesini ve sonrasını düşünmediğin, geçmiş için pişmanlık, gelecek için endişelerle doldurmadığın her an hayatın ta kendisidir. Yorucu olabilir, faydasız görünebilir, aklını yorabilir ama kendini içinde olduğun ana armağan edebilmek gerçekten var olmaktır. Aldığın her nefes en doğru ritimle dolar içine ve aklına düşen her düşünce sadece geçer ve gider. Fikirler seni sıkboğaz etmez, telaşa sokmaz, korkutmaz. Yaşamın en taze renkleri sadece o en şeffaf anlarda kendini gösterir.

Ne yapacağını hiç bilmediğin anlarda aklını oyalayan hayalet hallerden medet ummak yerine sadece bunu yap: orada öylece kal. Koşmayı bırak, konuşmayı bırak, sadece dur. Aklını koşturma, bedenini koşturma, ikisini de sustur.

İçinin kapılarını aç, pencerelerini aç. Önce kuvvetli bir cereyan yapacak her yer, sen hareket etmezsen dünya da dönmeyi bırakacakmış gibi hissedeceksin. Sakın inanma, öylece dur tüm rüzgârın ortasında. Bırak dönsün dursun içinin odalarında. Kapılarını vursun, perdelerini uçuştursun. Sen sadece izle, hiçbir şey yapma. Aklına düşünceler, odalarına fikirler, koridorlarına kızgınlıklar düşebilir. Sen hepsine izin ver, olduğun yerde dur. Nihayet o deli rüzgâr da durulacak çünkü ve daha önce hiç hissetmediğin bir huzur çöreklenecek içine. Perdelerin sakinleyecek, kapıların sessizleşecek. Bir ömür kan ter içinde peşinden koştuğun huzur, sen orada hiçbir şey yapmadan otururken gelecek.

Sonra etrafına bak. Sanki ilk kez bakıyormuşsun, olan bitene ilk kez tanık oluyormuşsun gibi meraklı bir sükûnetle, sadece bak. Tanımlamadan, en iyi bildiklerini bile hiç tanımadan bak. Gözüne çarpan her ne ise, beğenmeden, yargılamadan, fikir yürütmeden, anlamaya çalışmadan, hiçbir his beslemeden bak. O ana, oraya, orada olanlara, öylece dümdüz bak. Yıllar boyunca öğrendiğin bütün koşullanmışlık ve ezberlerden sıyrılarak olan biteni izle.

Öyle zor ki. İnsan buna o kadar alışık değil ki...

İnsanın kumaşı iplik iplik fikirlerle dokunuyor, insan günbegün beğenmeye, kötülemeye, yargılamaya, konuşmaya alışıyor. Yıllar boyunca aklının çekmecelerinde her duruma, her insana, her fikre ve her hale yakıştıracak bir düşünce ve his saklıyor. Doğru çekmeceyi açması, düşünmeden yorum yapmasına yetiyor. Oysa insanın, kendi etiketlerini söküp özüne varmaya çalışması da yetmiyor, ara sıra aynısını etrafındakilere de yapması gerekiyor. Bazen bir çiçeğe tüm mucizelerini ilk kez görüyor gibi, kalabalık bir caddeye sadece akan bir suya bakar gibi bakması gerekiyor. İnsan sadece durup bakmaya başladığında, uzun zamandır kendini göstermeye çalışan tüm hakikat kendini açık ediyor, düğümler birbiri ardına çözülüyor. Yargıdan uzak durup olana olduğu haliyle bakınca, hayat aslında çok kolaylaşıyor.

Biliyorum, iş güç. Biliyorum, hız.

Biliyorum, peşinden koşanlar ve senin peşinden koştukların.

Oysa biliyorsun, gerçek orada değil.

Gerçek, sadece tüm bunların arasındaki anlık boşluklarda.

Öyle çok koşuyorsun ki, kaçırıyorsun.

Hayattan başka her şeye hayat, gerçekten başka her şeye hakikat diyorsun.

Hep "sonra" diyorsun, "sonra, belki bir ara."

Ama sen de fark ediyorsun, kaçırdığın hayat aslında sadece o ötelediğin kısacık aralarda.

içine dön

Yalnız bir tek yol vardır: İçinize dönün. Size yaz diyen nedeni araştırın. Kökleri, yüreğinizin en derinliklerinde dal budak salıyor mu, buna bakın. Yazmanız yasak edilince, artık yaşayamayacak mısınız? Bunu söyleyin. En çok da, gecenizin en sessiz bir anında, yazmalı mıyım diye kendi kendinize sorun. Buna içinizin derinliklerinden bir karşılık bulmaya bakın. Eğer bu karşılık "evet" ise, bu ağırbaşlı soruya, bütün gücünüzle, sadece yazmalıyım diyebiliyorsanız, o zaman yaşamınızı bu gereksiniminize uygun olarak kurun. Yaşamınız en uçarı, en başıboş anınıza kadar bu içgüdünüzün bir belirtisi, bir belgesi olmalı. İşte o zaman doğaya yaklaşmış olursunuz. O zaman da ilk insanlar gibi, gördüğünüzü, yaşadığınızı, sevdiğinizi ve yitirdiğinizi söylemeye çalışın.

Rainer Maria Rilke / *Genç Bir Şaire Mektuplar*

8 Her cümlesine hayran olduğum Reiner Maria Rilke yıllar önce şöyle demiş: "Şeytanlarım beni terk ederse, korkarım meleklerim de uçup gider."

Aslında sanırım ne yapıyorsam, bütünüyle bundan ibaret.

Şimdi düşününce fark ediyorum ki, nasıl sahip olduğumu hiç bilmediğim meleklerimin uçup gitmesinden korktuğum için, çocukluğumdan beri şeytanlarımla birlikteyim. Şikâyet ediyor, kurtulmaya çalışıyor gibi yapıyor, bir yandan da kendime aferin dediğim her seferde arkada bir yerlerde onları görüyorum. Ne yazabiliyorsam, onlar anlatmamı istediği için. Kime elim değiyorsa, onlar beni arkadan ittiği için. Ve aslında ben ne anlatıyorsam, hepsi her zaman kendim için. Kendimi gerçekle tanıştırmak, içimi avutmak, nasırlarımı yumuşatmak, hayata alıştırmak için. Çünkü kendimi bildim bileli, ben bunları yapmanın başka bir yolunu bilmiyorum.

Okuyup yazmaya anaokulunda başladım. Bir gün bağdaş kurup kenarına iliştiğim orta sehpanın üzerine annem yatay bir saman kâğıdı koydu, ben elime bir kalem aldım. Uzun zaman boyunca yazmaya hep sayfanın sağından başlamak geldi içimden; inatla sadece aynaya tutulunca okunabilen ters harfler yazdım. Annem sabretti, elimi her defasında aldı, sayfanın soluna taşıdı, ona da alıştım. O günlerden sonra, sebebini kendimin de anlamadığı tonla şey yazar oldum. Tam da o sıralar, ilkokulun ilk yılında dörder sayfadan müteşekkil iki tane "roman" yazdım mesela. Birinin adı İşadamları'ydı ve işinden istifa edip kendini sokaklara atan bir adamın hikâyesiydi. Diğeri ise henüz o yaşta yazılmış bir "kitap" için fazlaca ağır bir başlık taşıyordu; Bu Yaşam Böyle mi Geçecek? İsmiyle müsemma, kitabın kahramanları hayvanat bahçesindeki kafeslerin arkasında yaşayan hayvanlardı.

Hiç geçmiyormuş gibi hissettiren yıllar, çoğunlukla havasız ve floresan ışıklı sınıflar, hayatı paylaşmayı öğrendiğim arkadaşlar ve hep çok sevdiğim okullar boyunca yazdım. Üç yabancı dil öğrendim, o dillerin hepsinde günlükler tuttum. İngiltere'de politika, İtalya'da sinema tarihi okudum; okuduğum tüm okulları dereceyle bitirdim. Üniversiteyi bitirdikten sonra hayatın hiç tahmin etmediğim bir sayfasını açtım önüme. Gittim Paris'te dört yıl boyunca çiçekçilik yaptım. Sonra daha farklı bir sayfada önce kendi çiçekçimi, bir diğerinde hep hayal ettiğim, sadece harika kadınların ürünlerini satan bir mağaza açtım. Bir yanım hep yeni sayfalara meyletti, diğer yanım hep aynı yerde kaldı. Çünkü sol elim ne işler karıştırırsa karıştırsın, sağ elim hep aynı saman kâğıdının üzerine yazdı da yazdı.

Dedim ya, aslında geçtiğimiz otuz yıl boyunca ben ne anlattıysam, hep kendime anlattım. Oysa aynı kelimelere ihtiyaç duyan, bunları duymak, bilmek, hissetmek isteyen benim gibi ne çok insan varmış, çok sonra anladım.

Bu yüzden, yıllar boyunca aslında herkesten çekinerek, kendi kendime fısıldadığım her bir cümleyi artık temize çekmek, hepsine çekidüzen vermek, pek fazla süslemeden olduğu gibi yeni sayfalara yerleştirmek ve sonrasında da artık çekinmeden paylaşmak istedim. Kendini öyle ya da böyle yalnız hisseden, kendisiyle konuşmak isteyip söze nereden başlayacağını bilemeyen ve göğsünün ortasında buruşturulmuş, kat yerleri sızlayan bir kâğıt varmış gibi hisseden herkesle paylaşmak.

Merak etmeyin, o buruşuk kâğıt herkeste var.

Yokmuş gibi davrananlar sadece itiraf edemiyor.

Ama belki de artık bizim için o kâğıdı görmezden gelmektense tanımanın, avcumuza alıp yavaşça açmanın ve bir cesaret masanın üzerine koyup ellerimizle hafifçe düzleştirmenin vakti gelmiştir.

Belki yıllar boyunca yer etmiş kat izleri kolay kolay gitmez ama sizi temin ederim, en ufak bir çaba bile içimizin bir yerlerini hiç yoktan yeşertir.

korkularını listele

Aklımızın içi çoğunlukla bir arabanın dikiz aynası gibi; korktuklarımızı hep olduğundan daha büyük gösteriyor. Vaktin olduğunda, kendin için bir şey yapmak istediğinde, yapmaya, söylemeye hatta düşünmeye çekindiklerini bir kez olsun kendinden çekinmeden bir kâğıda yaz. Sonra bir daha okuma bile. Kâğıdı katla, bir yerlere sakla. Birkaç gün sonra aç, ucundan bir bak. Seni temin ederim, hiçbir şey önceki kadar büyük ve korkutucu görünmeyecek. Yine de kendine zaman ver. Eğer hâlâ adım atmaya çekiniyorsan, tekrar katla kâğıdı. Sen dışarıda, onlar orada biraz daha pişsin, sakinleşsin. Zamanı mutlaka gelecek. Bir gün sen farkında bile olmadan senin cesaretin, o kâğıtta yazanları tek kalemde, sessizce yenecek.

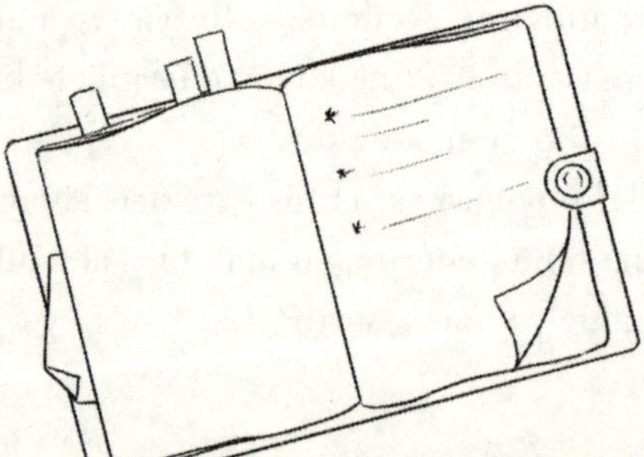

9

Hep çok çalışıyorlar.

Hep çok meşgul, hep çok yoğunlar.

Elbette seninle görüşebilirler ama maalesef seni iki plan arasına sıkıştıracaklar. Karşına oturduklarında ise heyecanla yaptıklarını anlatacaklar, parlak kariyerlerini ve sonu gelmeyen gelecek planlarını. Sonra konu çocuklara gelecek. Önce onları yazdırdıkları tüm kursları sayacaklar, sonra kendi gitmek istedikleri kişisel gelişim seminerlerini. Hiç evde oturamıyoruz diyecekler, her akşam başka bir programları olduğundan, övünür gibi şikâyet edecekler.

Sohbetin ortasında çayları yarım kalacak çünkü zaman hızlı akacak. Özür dileyerek, apar topar kalkacaklar. Gitmeleri gereken bir sonraki toplantıya yetişmeleri gerekecek ve ondan hemen sonra bir diğeri gelecek.

Sürekli koşuyorlar. Çok çalışmayı yersizce övüyor, eylemsizliği tembellikle eşanlamlı sanıyor ve elbette sadece kendileri kadar çok koşan, en az onlar kadar çalışanları ciddiye alıyorlar. Çünkü zamanın ruhu koşmayı emrediyor.

Değil sadece durmayı, biraz olsun yavaşlamayı bile onlara çok görüyor. Çünkü koşmayan kaybediyor, çünkü sıranın arkasındakilere kimse önem vermiyor. Yol kenarındaki fotoğrafçılar sadece birincilerin, sadece en hızlı koşanların fotoğraflarını çekiyor. Hayat savaş diyor, hayat çabala, uğraş diyor. Yenileceksen bile her seferinde daha iyi yenil diyor.

Oysa hepsi bu değil. Onların bu hızda koşmasına sadece hayatın arkadan iten parmağı sebep olmuyor. Birçoğu ekseriyetle onları kovalayan bir şeylerden kaçıyor. İçlerindeki bir fısıltıdan, sürekli öteledikleri tehlikeli bir düşünceden, onları belki de tüm rutinlerinden alıkoyacak bir fikirden.

Peşlerinde görünmez bir kaplan varmış gibi kaçıyor, sürekli koşuyorlar. Belki düzenlerini bozacak, belki sahip olduklarını azaltacak, belki tüm hayatlarını yeniden kurmayı gerektirecek birçok hevesi tamamen görmezden geliyorlar.

Haksızlık etmeyelim; aynı kaplan hepimizin arkasından mutlaka ara ara koşuyor. Hepimiz bazen fazla hızlı yaşıyor, günü geceye katıyor, aklımızı olmadık şeylerle sürekli oyalıyoruz. Çalışıyoruz, yoruluyoruz ama durmuyoruz. Çünkü durursak düşmekten, kaşla göz arasında kaplana yem olmaktan korkuyoruz.

Onun fısıldayacaklarından, bizi sırtüstü yere serip gözlerimizin içine bakıp söyleyeceklerinden ölesiye korkuyoruz.

Oysa her yol aynı noktaya çıkıyor. O kaplanın gözlerinin içine bakmadan, söyleyeceklerine şahit olmadan ve onunla ateşkes sağlamadan hayat bir yarış olmaktan hiç uzaklaşamıyor. İnsan istediği kadar koşsun kendinden hiçbir yere kaçamıyor.

Zamanın ruhu mu?
Zamanın ruhu yalan.
Sadece peşindeki kaplandan kaçmak için koşuyor insan.

10

İnsanlar zor, insanlar kötü.

İnsanlar çok acımasız ve yaptıkları bazen çok anlamsız.

Doğru.

İnsanlar hoyrat ve kırıcı, söyledikleri çok yaralayıcı.

Doğru.

Ancak bunların hiçbiri değil, bambaşka bir doğru sana gösterecek yolunu.

Önünden hızla geçilirken hiç dikkat çekmeyen bir binanın köşesinde hasbelkader filizlenmiş olabilirsin. Hiç kimsenin yakınından dahi geçmek istemeyeceği bir çöp dağının gölgesinde günbegün yaşamaya çalışıyor, ne zaman ağzını açsan sesini bastıran müthiş bir gürültünün altında derdini anlatmaya çalışıyor olabilirsin. Çok vazgeçiyor, bazen vazgeçmeye bile üşeniyor, hatta sadece alışkanlıktan veya başka türlüsünü bilemeyerek yaşıyor olabilirsin.

Hepsi olabilir. Bugün olmasa bile hepsi yarın hepimizin başına gelebilir.

Oysa yine de bizim doğrumuz hâlâ bu değil. Bizim doğrumuz, tüm bunları tanır, görür ve kabul ederken kendi ışığımızı soldurmamak. Sabretmek, inat etmek, şükretmek.

Hayat fazla üzerine geldiğinde, sesin zorla kısıldığında bunu hatırla. Senin eşsiz güzelliğin, kendine özgü rengin ve ne yaparlarsa yapsınlar hiç eskimeyecek olan kumaşın, çevrendeki tüm karanlıklardan ve kötülüklerden bağımsız. Kendini her ne kadar onlar tarafından alıkonmuş hissetsen de, sen hayatın bir katmanındasın, onlar bambaşka... Ne zaman ki bunu anlayacaksın, işte o an suya damlayan yağ gibi hepsinden hızla ayrışacaksın.

Tohumunun düştüğü yerden şikâyet etme, sen sabırla çiçeğini açmaya bak. Gölgelerden çekinme, gürültülerden korkma, karanlıklardan kaçma. Bahanesiz aç, sevgiyle konuş, coşkuyla parla. Her gün bir daha, her gün inatla.

Kimimiz çiçek, kimimiz ışık, kimimiz satır satır romanlarız.

Yapmayı bildiğimiz tek şey buysa, biz de bunu yapacağız.

Yanacak, açacak ve anlatacağız.

Renkle, coşkuyla ve inatla.

11

İngiltere'de iki sene politika eğitimi aldıktan sonra, okulun üçüncü senesinde Erasmus programı ile Bologna'dayım. Zaten İtalyan lisesi mezunuyum, arkadaşlarımın yarısı İtalya'da bir yerlerde okuyorlar. Kültüre, dile, hayata hakimim. Sinema ve sanat tarihi okuyacağım için çok heyecanlı ve hevesliyim. Kiminle konuşsam Bologna'nın ne kadar güzel, gençler için ne kadar harika bir şehir olduğundan bahsediyor. Bir sene boyunca okuyacağım Bologna Üniversitesi'nin öğrenci sayısı ise yüzbinleri buluyor. İçimden bir ses, çok hareketli, çok eğlenceli bir yılın beni beklediğini söylüyor. Daha ne olsun diyor bir de aynı ses, daha ne olsun?

Çok geniş bir sokakta, çok büyük bir apartmanda, çok güzel, üç katlı müthiş büyük bir dairenin çatı katındaki ufak bir odada yaşıyorum. Odam küçük, manzaram kızıl çatılardan ibaret. Evin sahibi yaşlı kadın mutfağını kullanmama izin veriyor, bana buzdolabında bir de raf ayı-

rıyor. Hatta eve geldiğim ilk gün beni karanlık bir odaya sokup, "Bak" diyor, "tüm makarnalar burada, istediğin gibi kullanabilirsin." Her şey daha ne kadar güzel olabilir diye geçiriyorum içimden; resmen tepeleme makarna dolu ardiyesi olan bir evde yaşıyorum.

Gel gör ki işler beklediğim gibi gitmiyor, romantik komedi olarak başlayan filmim giderek iç kıyıcı bir drama dönüşüyor. İngiltere'deki fazla düzenli ve kurallı hayatımdan sonra ilk tokadı derslere yazılmaya çalışırken, bir sonrakini kocaman okul binalarının arasında kaybolurken ve her şeyi yarına, öbür güne, hatta çoğunlukla belirsiz bir geleceğe öteleyen İtalyanlarla savaşırken yiyorum. Okul çok büyük, seçilecek çok fazla ders ve çok az zamanım var. Gözümü karartıp karşıma çıkan tüm sinema ve sanat tarihi derslerine yazılıyorum. Umberto Eco da ders veriyor diyorlar, ondan da eksik

kalmıyorum. Hiçbir şey anlamayacağımdan emin olarak bir de onun semiotica dersine yazılıyorum; sonradan Türkçede göstergebilim dendiğini öğrendiğim ve ilk günün sonunda bir daha sınıfının önünden bile geçmediğim bir ders.

Zaman içinde dersler başlıyor, yeni bir hayat ufak ufak filiz veriyor. Fazla hareketli, bol arkadaşlı, çok gürültülü iki senelik üniversite hayatımdan sonra, bu kızıl şehirdeki hayat sadece üç eski arkadaşımdan, bir türlü alışamadığım düzensiz bir düzenden ve yapacak hiçbir şey bulamadığım için kendimi orta yerine gömdüğüm derslerden ibaret. Çok eski binalarda, ömrümde görmediğim kadar büyük amfilerde, hatta bazen çok eski sinema salonlarında derslere giriyorum. Saçı sakalına karışmış bir adam, haftada iki gün üç saat boyunca bıkmadan usanmadan film restorasyonu anlatıyor. Bir yandan bir film şeridinin nasıl restore edileceğini öğreniyorum, diğer yandan "film çevirmek" fiilinin gerçekten makineyi elle çevirmekten geldiğini... Bir başka derste sinema tarihinin ilk filmlerini izliyorum; belki onlarca defa Lumiere kardeşlerin fabrikasından hızlı adımlarla çıkan adamları ve Louis Le Prince'in sadece birkaç saniye koşabilen atlarını. Avrupa sineması dersine içeriğine bile bakmadan yazılıyorum ve sağ olsun yüzümü hiç kara çıkarmıyor. Her ders Lars Von Trier'den giriyor, Fellini'den çıkıyorum. Tornatore'nin filmlerinden sonra eve seke seke dönerken, her Ingmar Bergman dersi çıkışında eve koşarak uzun bir duş yapmak, içimin karanlığını yıkamak istiyorum. Her ders birkaç saatliğine bambaşka bir dünyaya gidiyor, sonra çatı katındaki odama geri dönüyorum.

Bir de fotoğraf tarihi dersi var beni bu kadar heyecanlandı-

ran. Dersin ilk günü devasa bir amfiye geliyorum, ders başlamadan amfi öyle doluyor ki merdivenlere sığmayan öğrencilerden bazıları sırtını kürsüye dayamış, hocayı öyle dinliyor. Sonradan öğreniyorum ki Marra, okulun Umberto Eco'dan sonra en ünlü hocası; çok farklı bölümlerden öğrenciler sadece ondan fotoğraf tarihi dinlemeye geliyor. Ben de bir yıl boyunca Marra'nın kendi yazdığı ders kitabını, altını üç farklı kalemle çize çize hatmediyorum, aklımın ucundan geçmeyecek, yüzlerce şey öğreniyorum.

Tüm bu süreç boyunca yalnızlığı, hiç alışık olmadığım, tenimi kaşındıran yün bir hırka gibi omuzlarımda tutuyorum. Çok sevdiğim birkaç arkadaşım dışında gerçekten yapayalnızım. Neden bilmiyorum, hiçbir şeye alışamıyorum. Nereye koysan kendine sıfırdan bir hayat kurabilecek olan ben, bu şehre sığamıyorum, yerleşemiyorum, bir türlü rahat edemiyorum. Kim bilir, o zamanlar belki de sadece yalnız olmak istiyorum. Üç ay önce varlığından bile haberdar olmadığım bir kadının evinde her akşam kendime yeni bir makarna sosu uyduruyor, arkamda bulaşık bırakmamaya özen gösterip üç kat yukarıdaki odama çıkıyor, küçük tüplü televizyonumda gürültülü İtalyan programları izliyorum. Canım dışarı çıkmak isterse meydandaki güzel kütüphaneye gidip ders çalışıyor, oradan kendime adı sanı duyulmadık filmler kiralıyor, odamda onları izliyorum.

Aylar böyle geçiyor. Güzel şaraplar içiyor, köşedeki dondurmacıda hep aynı nefis dondurmayı yiyor, eskidikçe güzelleşmiş daracık sokaklarda yürüyor, çok yeni, çok iç açıcı şeyler öğre-

niyorum. Günbegün saçlarıma farklı renklerde teller, gözümün elasına yeşilin yeni tonları ekleniyor gibi hissediyorum. Yalnızlık, sessizlik ve bilinmezlik insana gerçekten güzel renkler katıyor, ucundan da olsa fark ediyorum. Dönemin sonunda sınav zamanı geliyor. Sınavların hepsi sözlü olacak; gel gör ki ben bu fikre okulun ilk gününden beri bir türlü alışamıyorum. On gün boyunca her gün başka bir sınava giriyorum. Hepsinde hocanın yanına oturuyorum, hoca soruyor, ben anlatıyorum; bazen yirmi dakika, bazen yarım saat. Belli ki kütüphanede geçen kış işe yaramış, girdiğim tüm sınavlardan tam puan alıyorum, 30 üzerinden 30.

Son gün o güzel evden ayrılırken, en son sırtımdaki hırkayı çıkarıp tahta sandalyenin üzerine bırakıyorum. Aynada kendime bakınca fark ediyorum, hırkanın yakası boynumda biraz iz yapmış ama geçer, dert etmiyorum.

Aferin diyorum kendime, aferin Ege; bu sınavı da geçtin.

Benden de sana 30 üzerinden 100.

wu wei

Taoizm'in mihenk taşlarından biri. Hareketsizlik, hiçbir şeyi zorlamamak, akıntıya izin vermek, kendini olanların ortasına bırakmak ve daha birçok tarifsiz halin tanımıdır. İdealler için durumları zorlamaktansa suyun akışı ile yüzmeyi savunur. Bir yüzü hareketsizlik, bir yüzü rüzgârla eğilmek olan bir madalyon gibidir.

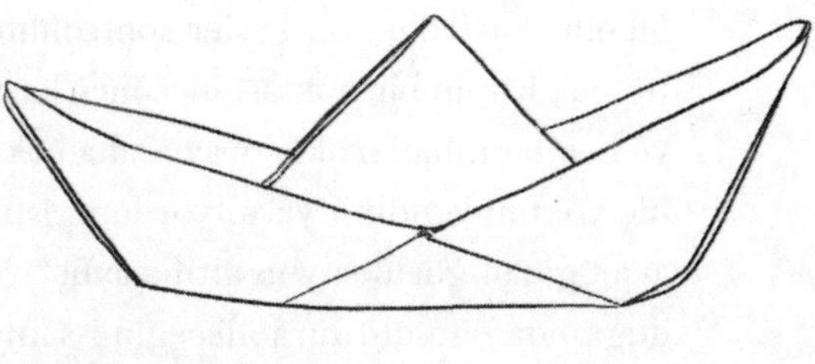

12

Tao'nun sonsuz deryasından öğrenecek tek bir dersimiz olacaksa o da bu olsun: *wu wei.* Çabasız, kendiliğinden akan bir su olmak.

Zorlamadan, kontrol etmeden ve endişelenmeden yaşamak.

Elimin değdiği, gözümün gördüğü her şeyi kontrol etmeye çalışmak, uzun yıllar boyunca peşimi bırakmayan belki de en kötü alışkanlığım oldu. Gücümün her şeye yetmeyeceğinin adım gibi farkındaydım. Yine de hep bilmek, kontrol etmek, olan bitene bir yerinden müdahil olmak istedim. Bir şeyler kontrolümden çıktığında içimin bir noktası ince ince kaşınıyordu ve ben bu rahatsızlıkla orayı daha çok kaşıyor, hiç yoktan kendimi yaralıyordum. Musluktan akan gürül gürül suyun altına avuçlarımı koyduğumda onu durdurabileceğimi sanıyor, olacaklara inatla izin vermiyordum. Çünkü suyu bir bırakırsam kim bilir nerelere akacak, beni nasıl yoracaktı. Bu sefer hiç önünü alamayacak, ipin ucunu iyice kaçıracaktım.

Ama su bu; hem de nasıl kuvvetli bir su.

Durur mu, ben istedim diye durulur mu?

Elbette beni ciddiye almayacaktı. Su her şeye rağmen aktı.

Önünü almadım, peşinden de koşamadım. Önce beni içine kattı, sonra zamanla hızını ayarladı. Ara ara sağa sola çarptım; zaman oldu bir daldım, bir çıktım. Çocukken öğrettikleri gibiymiş gerçekten; ne zaman ki panik yapmayı bıraktım, en çok o zaman rahatladım.

Suyu durdurmanın yolu yok. Belki sen var sanıyorsun ama hayır, yok. Su senden önce de aktı, seninle ve seni taşıdıktan sonra da akacak. Su senin gibi herkesi önüne katıp taşıyacak. Su seni, beni ve tüm âlemi kendi hızıyla yoluna katacak. Kontrol edebileceğini sananlar tutundum sanacak, ancak tutulan her bir dal mutlaka bir noktada aynı akıntıya kapılacak.

Sonsuzluk boyunca akan bu suyun kontrolsüzlüğünde yıkanmak, bir insanın sahip olabileceği en kıymetli kerametlerden biri. O suya önce zorla ama sonrasında mutlaka neşeyle dalıp çıkmak, genzindeki tuzun burnunu yakmasına izin vermek, kulağına kaçtığında o derin uğultunun geçmesini sabırla beklemek bir ömürde sorulabilecek tüm soruların cevabı.

Sen de fark edebilirsin. Bazen o kadar çok plan yapıyorsun ki, hayatın senin için açmaya çalıştığı yolu tıkıyorsun. Su akmak istiyor, sen inatla izin vermiyorsun. Anlara, insanlara, yerlere ve eşyaya sıkı sıkı tutunuyorsun. Hepsi akmak istiyor, "Hayatta bırakmam" diyorsun. Olmuyor diyor, olması gerekeni engelliyorsun. Belki de çekmen gereken kapıyı yıllardır inatla, inatla itiyorsun.

Kabul et. Her şey belirsiz, her şey geçici. Kabul et ve artık teslim ol.

Kontrol altına almakla uğraşma, alamazsın. Bırakmak zorundasın. Sen ne kadar bırakmazsan o kadar yorgun, o kadar kayıp ve o kadar zarardasın. Doğana karşı bitmek bilmeyen, iflah olmayan ve hiç vazgeçmeyen bir güven duygusunu her gün azar azar oluşturmak zorundasın. Kendini suya bırakmak, karşına çıkan taşların etrafından sabırla dolanmak, önüne çıkan çukurları doldurmak, dolunca taşmak, sonra da taşan bir suyun kuvvetiyle akmaya devam etmek zorundasın.

Hep yoluna, hep yoluna bakmak zorundasın.

Ve lütfen unutma; teslimiyetin olduğu yerde, kaygı olmaz.

Gerçek teslimiyet, en ufak kaygının bile barınamadığı bir odadır.

Su seni önüne katmış götürürken başına geleceklerden endişe etmek, suyun gücünü inkâr etmektir. Ve kaygı insanoğlunun sahip olduğu en kof, en içi boş ve en bencil halinin suretidir.

Bir kez olsun kollarını aç, kendini suya bırak.

Ne önünde bir telaş olsun, ne arkanda bir pişmanlık kalsın.

Hem sen hayallerin gerçek olsun diye mi burada olduğumuzu sanıyorsun?

Elbette hayır. Sen sadece varoluşu bir de bu gözlerle görmek için buradasın.

Bir kez bıraktın mı kendini olanlara, hayallerinden de öte bir hayat yaşayacaksın.

13

Yüzünü kime dönsen, sana cevabını kendisinin de bulamayacağı sorular sormaya hazır. Hayatın hiç böyle bir derdinin olmamasına rağmen, insanlar sana gideceğin yolları soruyor çekinmeden; amaçlarını, hedeflerini ve bundan sonra ele geçirmen gereken önemli kaleleri…

Sakın onları ciddiye alma.

Sakın cevabını bilmediğin ve bilmek zorunda olmadığın sorular için kendini hırpalama. Ve sakın, sakın kendini onlara beğendirmek için kaleler fethetmek zorunda olduğunu sanma.

Hedef nedir, yoktan var edilir mi? Sadece diğerlerine verecek afili bir cevabının olması için insan kendinden fersah fersah uzakta bir yere gözünü dikebilir mi? Veya haydi oldu diyelim, upuzun yılları tek bir amacın peşinden koşarak geçirenlerin ömrü ne kadar renkli, ne kadar verimli? Eğer içinde cayır cayır yanmıyorsa, geceleri seni uykusuz bırakmıyorsa, apaçık tam önünde durmuyorsa, sakın kendini yorma.

Bu dünya üzerinde ne yapacağını hiç bilmediğin günler, aylar, belki upuzun yılların olacak. Belki aklındakiler hep değişecek; bir gün bir hevesin, ertesi gün bir diğerinin peşinden gideceksin. Güzel vakit geçirecek, çok eğlenecek, çok sevecek ama belki de hiç kimseye faydan dokunmadığını hissederek öleceksin.

Sakın kendini suçlama.

Bunların hepsi olabilir, bunların hepsi hayatın kendisidir.

Aldığın her yeni nefes hayatını yeniden tamamlar, yeniden tanımlar.

Hayatın kendisi amacın olabilir, ama amacın asla hayatının özü değildir.

Mutlaka bir amacın peşinden koşacaksan sevmenin peşinden koş. En sevemeyeceğini düşündüğünün peşinden. Hiç tanımadığını, tanımaya yanaşmadığını sev. Yaralarını, o yaraları açanları ve sonra o yarayı tutan kabuğu sev. Başını şefkatle okşayanı, seni zalimce tokatlayanı ve varlığından bile habersiz olanı sev. Nefes alanı ve almayanı, olanı ve oluşanı, hiçbir zaman olmayacak olanı sev.

Kabul et. Kendini kabul et. Kabul edebilişini sev. En kabul edilmez olana gözlerini dikip onun varlığını tüm hücrelerinle kanıksadıktan sonra bunu da sahiplenişini sev.

Veya mutlaka bir hedefin olsun istiyorsan, hedefsizliği seç. Hedefsiz olabilmek, gözünü hiçbir yere uzun süre dikmeden tüm manzarayı görebilmek, tek hedefin olsun. Unut fethedilecek kaleleri, bir hırs uğruna yakılacak gemileri. İlk önce elle tutulanlardan, parayla satın alınabileceklerden başla. Başkalarının da sahip olabileceği, eskiyebilecek, yok olabilecek her ne varsa aklında, ilk önce onları kaldır hedef tahtandan.

Geleni kabul et, ama hiçbir şeye sahip olmak için inat etme. Hayatta kalmak ile o hayatı hiç kullanılmamış bir eşya yığınına dönüştürmenin, bir insanı gerçekten sevmek ile onu kendine zincirle bağlamanın çok farkı var, bunu anla. Bak etrafına; sahip olduklarıyla gururlananlara ve içinin boşluğunu doldurmak için dışını kalabalıklaştıranlara. Hepsi hakikatten ne kadar uzakta.

Kurtul yüklerinden. Kurtul ezbere mecburiyetlerinden ve zoraki tüm hedeflerden.

Sevmekten öte hiçbir amacı, hedef tahtasını duvardan indirmekten başka hiçbir hedefi kabul etme. Peşinden yürüyeceğin hiçbir şey, koşulsuz sevme çabanın önüne çıkmasın. Günübirlik tekdüze heyecanlar, birkaç gün sonra izi kalmayacak dertler ömrüne yayılmasın. Yoluna ne çıkarsa yaşansın ama hepsi orada kalsın. Sen hedefsizliğine, amaçsızlığına sarıl. Var olanın varlığını, var olmayanın yokluğunu kabul et. Ve tüm bunun hafifliğiyle, sadece yürümeye koyul.

Gayeler değişir, hevesler dönüşür.

İnsan gün gelir her şeyden yorulur.

Ama yaşamak dersen o başka, inatla yaşamak zorundayız, mutlaka.

Hiç yorulmadan bir gün sarı, bir gün mor, bazen dik, bazen bitik; ama yaşamak zorundayız önce bir gün, sonra bir gün daha.

Hayat amacı diyenlere sakın aldırma.

Hayatı sadece yaşamaktan önemli amaç mı var hayatta?

teşekkür et

Sadece kendine ayırdığın, kendi ışığından bahsettiğin, olduğun kişi için hayatına teşekkür ettiğin bir defterin olsun. İstersen sabahları uyanınca, istersen gece uyumadan önce onunla konuş. Sahip olduğun ve olmadığın şeylerden, şevkle yürüdüğün ve yürümek zorunda kalmadığın yollardan, doğru zamanda söylediğin ve susmayı becerdiğin kelimelerden bahset. Kendine ve hayata teşekkür et. Her gün sadece iki satır yazmak bile çok şey değiştirecek. Minnettar olduğun aydınlıklar yeni ışıklar yakacak, varlığına teşekkür ettiğin her bir an sana daha güzellerini getirecek.

14

Biliyorum.
Bazen kime baksan senden iyi.
Bazen nereye gitsen herkes çoktan gelmiş, yerleşmiş.

Kimse seni beklememiş.

Bazen ne olsan, önceki senden kötü.

Bazen ne desen, çoktan söylenmiş.

Bazen her şey senden daha sen ve sen kendinden bir o kadar eksik.

Biliyorum, çünkü birbirimizden hiçbir farkımız yok.

Peki ama, gerçekten biz mi yenildik?

Bir kâğıt parçasına yazılmış bir hedefe, önceden belirlenmiş bir zaman dilimi içinde ulaşmak uzun zamandır bir başarı kıstası değil benim için. Mezun olunan okullar, kollara birer birer takılan altın bilezikler, çok mantıklı evlilikler, hiç teklemeyen cümleler, asla ağlamayan çocuklar, hep parlayan saçlar ve daha neler... Gözünü tek bir noktaya dikip ona çıkan her yolu mubah bilip ulaşmaya çalışma hırsı, gün gelir insana hayatın her bir yolunu dar eder.

Biliyorum.

Kime sorsan hepsinin tanımı farklı olabilir; başarı nedir desen, sana herkes başka bir cevap verecektir. Benim düşündüğüm ise bunca farklı cevabı olan bir sorunun gerçekliğini uzunca tartmamız, düşünmemiz gerektiğidir. Karşımıza çıkanlar onu hep farklı tariflerle pişirirken, bizim de kendi başarı soframızı kurabileceğimiz ve bunun için kimseye bir açıklama borcumuzun olmayışıdır.

Aldığın her bir nefes mucizevi bir başarıdır. Bir gece önce bir enkaz olarak yatan seni, ertesi sabah yeniden hayata katmak çok ciddi bir başarıdır. Düşündüklerini söyleyebilmek, ayaklarının üzerine kararla basan tek bir evet veya hayır diyebilmek, diğerlerinin yol tariflerini dinledikten sonra içinden gelen yöne sapmak nefis bir başarıdır. Sürekli bir şeyler yapmak ve hep meşgul olmanın aksine, tüm o dağınıklığın ortasında sadece canın istediği için durabilmek ise en lezzetli başarıdır.

Sen hiç kimsenin başarısını kendi üzerine alma.

Ne küçümse, ne çok büyüt gözünde.

Bırak herkes istediği yöne yürüsün.

Çünkü ne kadar yan yana olursak olalım, bu hayatta hepimizin yolu sadece kendine.

Bana sorarsan, başından geçen tüm yorgunluklara ve kalp kırıklarına, gözyaşlarına ve baş ağrılarına, takılıp düşmelere ve o sırada arkandan gelen tanıdık gülüşmelere rağmen hâlâ ayaktaysan başarılısın. Onlarca sıkıntıyı, yüzlerce badireyi, aklını çelen, kalbini deşen, gününü karartan, içini bunaltan her bir anı birer birer atlattıysan, başarılısın. Evet, bazen onlar şıkır şıkır gelecek, sen kapının önünde çıkardığın ayakkabılarındaki çamurdan utanacaksın. Bazen sen çoktan orada oturuyor olacak, geç kalanlara gözlüğünün üzerinden bakacaksın. Bazen en iyi son sözü sen söyleyeceksin, bazen onlara gıpta edecek, "Benim aklıma asla gelmezdi" diyeceksin. Bazen herkes senden daha çok sen olacak, sen kendini yolda bir yerde düşürmüş olacaksın. Bazen bir an gelecek, sen onları onlardan daha iyi tanıyacaksın.

Hepsi olabilir, hepsi olacak.

Çünkü bunun adı hayat.

Ve inan bana hayatın insanın içini gerçekten aydınlatan en tatlı ışıkları başarıdan da, hırstan da çok uzak.

Sen ne yaparsan yap asla yenilmediğini fark ettiğin gün bunu anlayacak, hayatı yeniden, yeniden kazanacaksın.

15

Dedikleri doğru; bazen gerçekten beklemen lazım.

Çok koştun, çok uğraştın, çok söylendin, çok savaştın.

Belki midende yeni taşlarla, belki kalbinde bir çizikle, belki de bir adım daha atamayacak kadar nefes nefese, başladığın yerde kalakaldın.

Dedikleri doğru. Bazen gerçekten durman lazım.

Yorulmaktan, pes etmekten, vazgeçmekten utanmaman lazım.

Bazen gerçekten hayatın seni sırtından itmesi için yolun ortasında öylece durup parmağını bile kıpırdatmadan beklemen lazım.

Bazen hayata gerçekten tüm varlığın ve tüm yokluğunla, tüm olanın ve olmayanınla güvenmen lazım.

Ve bazen olamayacaklarla samimiyetle barışıp, olabileceğin tüm harika insanlara sarılman lazım.

Zamanı geldiğinde hayat seni hafifçe dürtecek.

Nefesin sakinlemiş, gözlerin açılmış, sırtın doğrulmuş olacak.

O zaman anlayacaksın dediklerinin doğru olduğunu; hiçbir şeye güvenmesen bile hayatın sihir tozuna batmış o işaretparmağına inatla hep inanmak lazım.

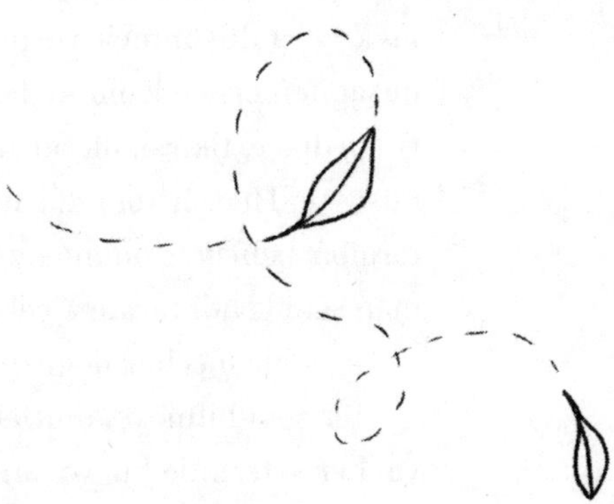

16

Her konuda bir fikrinin olması gerektiğini tam olarak hangi noktada kabulleniyor insan, bilmiyorum. Sürekli beyan edilen fikirleri, dinlemek veya düşünmek yerine her durumda konuşabilenleri ve kendine fazlasıyla güvenenleri izledikçe, fikirsizlik bir utanç kaynağına dönüşüyor. Her an yeni düşünceler ve olası farklı taraflar beliriyor önünde ve güçlü olan her zaman seni kendi tarafına çekmek istiyor.

Oysa hiç mecbur değilsin.

Her şeyi bilmeye, mutlaka bir taraf tutmaya, her seferinde bir yorum yapmaya hiç mecbur değilsin. Çok kolay, ama çok zor.

Önünde olup biteni fikirsizce, tarafsızca ve yorumsuzca izlemek, insanın kendi elleriyle daralttığı ufkunu genişletiyor. Bir taraf olmak, birilerinin yanında veya karşısında durmak eşyanın doğası gereği yorucuyken, hiçbir duvara yaslanmadan sadece olan biteni izlemek insanın zaman içinde gerilen omuzlarını ovalıyor. Elbette her şeyi bilmen imkânsız.

Ve her konuda bir fikrinin, her seferinde destekleyeceğin bir tarafın olması, dinlemeye bile ihtiyaç duymadan verebileceğin cevaplarının olması çok, çok yorucu. İnsan alışkanlıklarına köle; günlük hayatında hep bu imkânsızı oynuyor. Haksız oluyor, yorgun oluyor, duvarlara yaslanmaktan sırtı tutuluyor ama yok, insan kendine hep savunacak bir taraf arıyor.

Hepsine inat gevşeyelim ve kabul edelim.

Fikirler değişebilir. Mevsimlerin döndüğü ve hayvanların kabuk değiştirdiği gibi, herkesin fikri değişebilir. İnsan bu ya, gün gelir olup biten her şeye başka taraftan bakmak isteyebilir hatta belki bu yeni baktığı tarafı eskisinden daha çok benimseyebilir. Hem Picabia ne demişti: "Başımız, fikirler aklımızda rahatça yer değiştirebilsin diye yuvarlaktır." Aklının yuvarlağına ve kalbinin sükût arayışına kulak ver, bu aralar biraz sessizce izle olan biteni. Düşüncelerin ve yeni fikirlerin aklında özgürce dolaşmasına izin ver; hiç dinlemediklerini dinle, hiç okumadıklarını oku, yıllarca yanlış bulduklarına bir kez daha bak. Yıllarca dokunulmadığı için kaskatı kesilmiş fikirlerini yumuşat, iplerini çöz. Bırak yumuşasınlar, bırak değişebilsinler veya yapabiliyorsan bırak gitsinler.

Arada bir kendine hatırlat. Her zaman bir taraf olmak zorunda değilsin. Sorulan her sorunun cevabını bilmek zorunda değilsin. Tarafsızlığın senin cahil olduğunu değil, sadece izleyici olduğunu gösterir. Ve aslında hayat, kendini en çok onu merakla izleyene ve sessizce dinleyene gösterir.

Bazen sadece izle, dinle ve bırak. Bırak onlar sağdan soldan fikir dilensin. Soracak olurlarsa, "Bilmiyorum, ben sadece buradan geçiyordum" dersin.

pantha rei

Antik Yunancada "her şey akar" anlamına gelir. Genellikle Heraklitos'a atfedilse de, 6. yüzyılda Simplicius'un söylediği tahmin edilmektedir. İki kısacık kelime de hiç kimsenin kaçamadığı en temel gerçeği özetler sanki: Hayat sürekli değişir ve devinir. Nehir sürekli akar, su hiçbir zaman aynı kalmaz.

Ne yaparsa yapsın, insan hiçbir zaman aynı suda iki defa yıkanamaz.

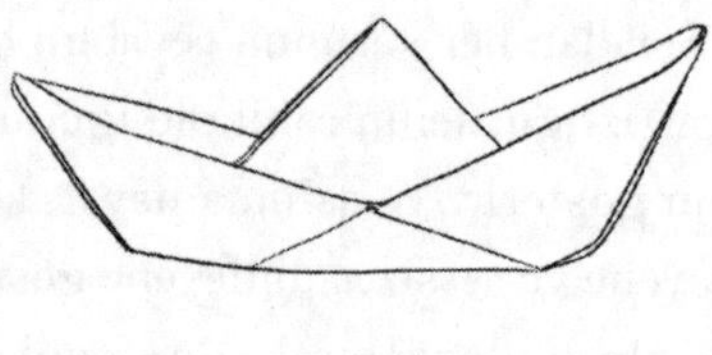

17 Kaybettiğini sandığın ne varsa yeniden düşün, bu kez biraz daha açık bir akılla. Hakikatin içinde hiçbir şey yok olmaz. Gerçek asla kaybolmaz.

Sadece değişir.

Sen ne kadar uğraşırsan uğraş, başından geçen hiçbir şeyi, tanıdığın hiç kimseyi, ağzından dökülen hiçbir kelimeyi tamamen kaybedemezsin. Gözünün gördüğü, aklının aldığı ve içinin hissettiği ne varsa sadece şekil değiştirir. Bazen uzun zamanlara yayılarak, bazen bir göz kırpışında. Bazen sana hiç hissettirmeden, bazen kanırta kanırta. Sana hissettirdikleri yeniden şekillenir, ağzında bıraktığı tat, kalbine yerleştirdiği his, aklına yaydığı fikir değişir. Başkalarına hatırlattıklarını, kendi hakkında konuşulanları değiştirir. Nicelikler ve nitelikler yenilenir, kurallar eskir.

Zaman kuralları yeniden yazar, olan kendini ona göre baştan isimlendirir.

Ama gerçek olan yok olmaz.

Senin, benim ve herkesin değiştiği gibi değişir ve bu yerçekimi kadar büyük bir gerçektir.

Bir çocuğun gözlerinde gördüğün ışık onlarca yıl sonra hâlâ aynı gözde yaşar; çocuk büyür, ışık hiç solmaz. Bir elmanın çekirdeği toprağa düştükten yıllar sonra yine kendine benzeyen yepyeni elmalara dönüşür, elma hiç ölmez. Hiç görmeyeceğin bir kaynaktan taşan su, senin bardağına varana dek sürekli şekil değiştirir ama bu onun özünden hiçbir şey eksiltmez. Hayat elini sürdüğü her bir canın değişmesine, büyümesine ve öğrenmesine izin verir fakat öz, gerçeği asla terk etmez.

Sen içini rahat tut.

Kaybettiğini sandığın her ne ise, bir de böyle düşün.

Suyun gözlerinin içine bakmayı hatırla; aynı gözleri hem havadaki buharda, hem pencerendeki buğuda, hem bardağındaki suda ara.

Gerçek ışıkların hiç sönmediğini, bir ufak çekirdeğin sana hep başka türlü geri döndüğünü unutma.

Eriyenin donmasına, buharın katılaşmasına alış.

Hayatın dönüşümünü kabul et ve bu dönüşümün efsunuyla barış.

18

Çok uzun, upuzun bir yolun başında olduğumun, içine düşeceğim renklerin tüm hayatımın duvarlarını boydan boya boyayacağının hiç farkında değilim henüz. Hissettiğim saf bir kaybolmuşluk, ihtiyacım ise bir yerlere kök salabilmek.

Üç aydır Paris'teyim fakat neden buradayım pek bir fikrim yok. Bir gün karar veriyor, çantamı topluyor, İstanbul'daki tüm hayatımı arkamda bırakıyor ve buraya geliyorum. Gelir gelmez bir Fransızca kursuna yazılıyorum çünkü tek kelime Fransızcam yok. Hafta içi her gün derse gidiyor, dersten sonra bazen güzel kafelerin küçücük masalarında oturup kahve içip kitap okuyor, bazen hiç tanımadığım sokaklarda saatlerce geziyor, şehirle tanışmaya çalışıyorum.

Şehirde dikkatimi çeken bir şey var, gördüğüm tüm çiçekçiler çok güzel. Havalı desem değil, sıradan desem hiç değil. Hepsi sadece kendine benziyor. Onları gördükçe İstanbul'da neden yok böyle çiçekçiler demeye başlıyorum, burada bu işi öğrensem acaba orada yapabilir miyim diyorum kendi kendime. Fakat Fransızca gibi hiçbir fikrimin olmadığı bir konu daha var; çiçekler. Sorsalar Türkçede bile beş çiçeğin adını zor söyleyebiliyorum. Olsun diyorum, olsun. Kaybedecek hiçbir şeyim yok. Bütün şehri arşınlayıp beğendiğim bütün çiçekçilerin bir listesini yapıyorum. Eve gelir gelmez hepsine ingilizce bir mail atıyorum; konudan çok uzak olduğumu, hatta Fransızca bile bilmediğimi ama bu işi öğrenmek istediğimi yazıyorum. Yazdığımı okudukça ümidim daha çok kırılıyor. Olsun diyorum, olsun. Hikâyenin sonunda neler olabileceğinin henüz hiç farkında değilim, kimse cevap vermezse üzülür müyüm onu bile bilmiyorum. Bakıyorum ki hayat elimden tutup o ümitsiz cümleleri tek tek yazdırıyor bana, varsın yazalım diyorum.

En son maili de gönderdikten sonra tek bir odadan müteşekkil karanlık evimde köşedeki yatağa yerleşiyorum. Ertesi güne Fransızca ödevim var, bir an önce gerçek hayata dönmeliyim. Aradan on dakika geçmeden telefonum çalıyor. Tanımadığım bir numara, açıyorum. Karşımdaki adam sanki biraz önce mail attığım çiçekçilerden birinin adını söylüyor, yarım yamalak anlıyorum. Sanki randevu da diyor, sanki bir adres de veriyor. Söylediği adresi ve apartman numarasını okunduğu gibi doğrudan önümdeki kâğıda yazıyorum. Sonra nasıl olsa o yazdığımın kaç numara olduğunu uzun uzun düşünür, hiç olmadı sözlükten bakar toparlarım diyorum. Telefonu kapattığımda konuşmanın yarısını hiç anlamamış olsam da, bir iş görüşmesine çağrıldığımı anlıyorum.

Hayat, ne sürprizli.

*

Karşımda 40'lı yaşlarda sarışın bir adam oturuyor. İkimiz de birbirimize kendimizi anlatmaya çalışıyoruz. Adam anlıyor ki anlaşamayacağız; aralarda o da Fransızcayı bırakıp yarım yamalak bir İngilizceyle konuşmaya başlıyor. "Bizimle çalışabilirsin, ama bunun okuluna da gideceksin, kursların hangi gün? Kursu bırakabilir misin? Ben bir okul müdürünü arayayım. Bir hafta okula, sonraki iki hafta işe gideceksin, fakat okul üç yıl sürecek, acaba yapabilir misin? Burada önce atölyede çalışırsın, dükkâna sonra çıkarsın, atölye aşağıda, sana gösterirler. Kimliğinle şu adrese gidip okula kayıt olur musun..."

Başım dönerek çıkıyorum o ofisten, hâlâ ne yaptığım hakkında bir fikrim yok. Tatlı yüzlü güzel bir kız beni kocaman dükkânın içinden geçirerek merdivenlere yönlendiriyor; hayatımda hiç görmediğim güzellikte çiçeklerin arasından geçerken nereye bakacağımı şaşırıyorum. Birkaç kız bir masanın başında kocaman buketler yapıyor, şık kadınlar kendilerine vazolardan çiçek seçiyor. Hayal gibi, film gibi bir yerdeyim. Önümdeki kız o sırada merdivenlerden aşağı iniyor, ben de peşinden gidip aşağıdaki atölyeye bakıyorum. Üst katın zarafetinin tam aksine burada fabrika gibi çalışan insanlar, yerde bir karış çöp ve müthiş bir kaos var. Herkes başını kaldırıp boş bakışlarla bana birkaç saniyeliğine bakıp sonra işine dönüyor. Başına geleceklerden ha-

bersiz kurbanlık bir koyun gibi dolaştırılıyorum dükkânın içinde. Önümdeki üç yıl boyunca o dükkânda yaşayacaklarımdan, öğreneceklerimden, hatta oradan ayrılırken üzüntüden perişan olacağımdan henüz hiç haberim yok. Korkuyla bakıyorum etrafıma. "Ah Ege" diyorum içimden, "sen nelerin içine attın böyle kendini."

Hayat, ne heyecanlı.

*

Üç yıl sonra, hâlâ aynı dükkandayım. Öyle sihirli, öyle zor, öyle eğlenceli, öyle yorucu, öyle garip, öyle mutlu zamanlar geçiriyorum ki, tarif etmesi çok zor. İlk iş günü kalbi ağzında atarak kapıdan giren, söylenen hiçbir şeyi anlamayan, yerleri sil dendiğinde süpürge ve faraşı eliyle tarif etmeye çalışan, telefon çaldığında ona baktırmasınlar diye çaktırmadan tuvalete kaçan, gelen müşterilerle zaten istese de muhatap edilmeyen, günde üç kere sırtında kendinden büyük bir çöp torbasını alt kattan üst kata, sonra sokakta karşı kaldırımdaki büyük çöpe taşıyan, haftanın altı günü her sabah altı buçukta evsizlerle metroya binip işe gelen, her akşam eve dönüş yolunda yorgunluktan otobüste uyuyakalan kızı, zaman içinde her gün bambaşka bir insana dönüştürüyorum. Yontuldukça, yoruldukça büyüyorum. Yapmaktan korktuğum hiçbir şey kalmadan, yıllar boyunca hep çok farklı, çok eğlenceli ve çok zorlayıcı işlere dahil oluyorum. Türkçeleri hakkında hâlâ pek bir fikrim yok ama artık karşıma çıkan bütün çiçeklerin sadece Fransızcasını değil, Latincesini bile biliyorum. Haftanın üç günü dükkâna koca bir kamyon dolusu çiçek geliyor, onları kucaklayıp bir alt kata bir üst kata taşıyorum. Nasıl oluyorsa kısa zamanda çok sevdiriyorum kendimi çünkü belki de hiçbir şeyden şikâyet etmiyorum, ne söylense yapıyorum ve sürekli gülüyorum. Hâlâ sabahları beş buçukta kalkıyorum, herkes uyurken gidip kocaman otellerin kahvaltı salonlarının, geniş hollerinin, koridorlarının çiçeklerini değiştiriyorum. Üç yıl boyunca bir kolumun altında hep bir vazo, diğer elimde de hep bir bez var; sürekli bir yerleri silip oralara vazolar, çiçekler, renkler yerleştiriyorum.

Her gün başka bir hikâyeye uyanıyorum, her günüme ayrı bir film çekiyorum. Tabii bir de, artık bir Fransız kadar iyi Fransızca konuşuyorum.

Ve sanırım tüm bu hikâyede ben hâlâ en çok buna şaşırıyorum.

Hayat, ne güzel.

19

Sen arama, bırak o gelsin.

Bir gün hiç yoktan yoluna çıksın veya gelmekten son dakika vazgeçsin.

Ama sen arama, gelecekse o gelsin.

İstersen çağır, istersen bekle, ama sakın zorlama.

Aramak yokluğu çağrıştırır, eksikliği hatırlatır, olmayışı daha çok bağırır.

Sen arama.

Sadece varlığına, var olduğuna inan.

Bir de lütfen, zamana güven.

O geleceği zamanı elbet bilir.

Ve eğer gelmeyecekse hiçbir arayış onu getirmeye yeterli değildir.

20

Her zaman iki tarafın var.

Bir yanın yıllardır aynı kırıkların üzerinde oturuyor. Kim yanaşsa yanına, nasıl kırıldığından, canının nasıl acıdığından bahsetmek istiyor. Tüm iyi niyetine ve çabasına rağmen ne kadar çok zarar gördüğünü, tüm hevesine karşılık nasıl sürekli baltalandığını, hayatın ne kadar zor, çoğunlukla ne kadar taraflı ve yorucu olduğunu anlatıyor. Bir yanın yıllardır aynı kırıkların üzerinde, her hareket ettiğinde başka bir noktasını yaralayarak ama buna rağmen hiç kalkmadan öylece oturuyor. Kızgınlıkta, korkuda, pişmanlıkta saklanıyor. Üzerine ağır bir örtü örtülmüş gibi ne uyanmak istiyor, ne gerçeğe gözlerini açmaya yanaşıyor.

Çünkü o da çok iyi biliyor ki gözlerini açmak, gerçeği kabul etmek demek. Onu acıtanı, o kırıkların üzerine yerleştireni görmek demek. Ve insan bir kere gerçekle göz göze gelmeyegörsün, bir daha asla aynı kalamıyor. O yanın çok iyi biliyor, gerçeği gördüğünde başına gelen her şeyin sorumluluğunu alması, kendini mutlaka oradan kaldırması gerekiyor.

Oysa bir yanı daha var insanın, diğerinden hep daha sessiz, daha naif ve anlaşılmayı çok daha fazla isteyen. O senin içini rahatlatmak, gerçeklerden bahsetmek, gözlerini açmak istiyor. Sana, sen ne yaparsan yap kurban olmayacağını, her koşulda sevildiğini, korunduğunu anlatmak istiyor.

O yanın seni kendi ayaklarının üzerine kaldırmak, yere ne kadar güçlü basabildiğini hatırlatmak, üzerindeki tozlu örtüyü bir kenara fırlatmak ve bu sahte acıyla vakit kaybetmeyi bırakmanı istiyor. Doğduğun günden beri aslında ne kadar kuvvetli, ne kadar büyük ve ne kadar önemli olduğunu artık hatırla istiyor.

Bu yanın senin elinden tutmak, seni o kırıkların gerçek olmadığına, dünyayı döndüren gerçeğin hepsinden daha büyük, daha sevgi dolu ve daha bağışlayıcı olduğuna ikna etmek istiyor. Hayata hiçbir borcun olmadığını, tüm borcunun kendine, iyiliğine ve yayman gereken sevgiye olduğunu söylüyor.

Eğer yürümek istiyorsan şunu bil, yolunu aydınlatacak feneri işte bu yanın elinde tutuyor. Acıya saplanan, korkudan beslenen tarafın değil, sadece yüzü umuda dönük olan yanın hangi anahtarın kapıyı açacağını biliyor.

Her zaman iki tarafın var ve her zaman mutlaka iki seçeneğin.

Alacağın her kararda, atacağın her adımda ve ağzında çıkacak her bir kelimede sana yol gösterecek iki yanın var. Korkan, saklanan, kurban olmaktan uzaklaşamayan sen veya hayata, sevgiye ve içinde hiç durmadan kıpırdanan umutlara inatla güvenen sen.

Unutma, her zaman iki tarafın var.

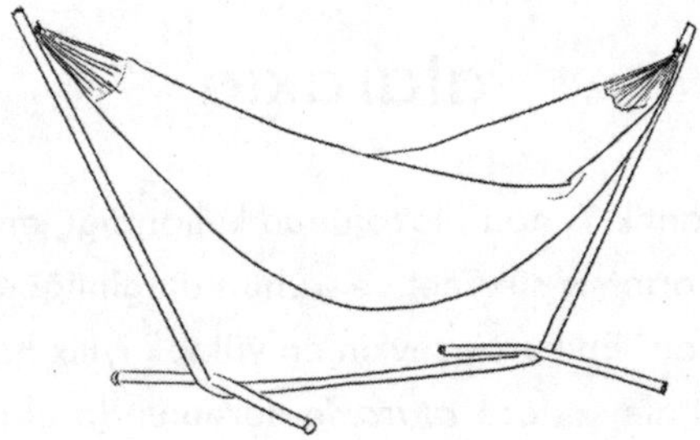

ataraxia

Birçok antik Yunan filozofunun kullandığı, endişe ve sıkıntından arınmış sükûnet ve ruhun dinginliği tanımlayan bir kelimedir. Epikuros zevkin en yüksek iyilik hali olduğunu ve bu hale sadece *ataraxia* durumunda ulaşılabileceğini savunur. Kişi mutlak doğruların katılığından, onu zayıf hissettiren fazla dünyevi kaygı ve korkulardan uzak durmalı, yalnızca ruhunun istediği huzuru korumakla uğraşmalıdır.

21

Hayat senden ona alışmanı ister, onunla savaşmanı değil.

Hayat senin esen rüzgârlarla şekil almanı, eğilmeni ve kıvrılmanı ister, ilk zorlu çarpışmada kırılmanı değil.

Hayat senin öğrenmeni ister; bazen düşe kalka, bazen fark etmeden. Öğrendiklerini paylaşmanı, paylaştıkça büyüdüğünü görmek ister.

Hayat, ne olursa olsun ona inanmanı, başına ne gelirse gelsin her bir adımına güvenmeni ister, çıktığın yoldan pişman olmanı değil.

Ve hayat başına ne gelirse gelsin her zaman güvende olduğunu bilmeni ister.

Hiçbir düşüşün bir kaybediş olmadığını bildiğin gibi, hiçbir zaferini de çok büyütmemeni ister.

Hayat, senin ona alıştığın kadar kendine de alışmanı ister. Tam da şu an olduğun insana. Biriktirdiklerin ve kurtulduklarınla, giyindiklerin ve soyunduklarınla, düşündüklerin ve unuttuklarınla yarattığın insanı sevmeni ister. Her an yeniden doğurduğun, yıllarca fark etmeden büyüttüğün, hep aynı kalan ve hiç aynı kalmayan, her an değişen ama gözü hep aynı bakan sana alışmanı ister. Senin kendi bedeninde rahatça yayılmanı, neye benzerse benzesin o eşsiz bedene sahip çıkmanı ve onu sevgiyle korumanı ister. Ruhunu temiz, aklını açık, kalbini ferah tutmanı ister.

Gözün görmez, görse de aklına yatmaz bazen. Oysa ne olursa olsun hayatın sana sevgiyle uzanan, hiç geri çekmediği bir eli vardır. Ne zaman ihtiyaç duyarsan onu tut, peşi sıra ilerle diye o hep oradadır. Arada bir inadın tutar, canın farklı yerlere koşmak ister. Olabilir. Hayat insanı seçimlerinde hep özgür bırakır. Gelgelelim yollar döner dolaşır, sonunda hep aynı ele uzanır. Çünkü hayatın eli, insanın doğduğu andan beri aşina olduğu tek ışıktır.

Kim ne derse desin, gönül rahatlığıyla bundan emin olabilirsin.

Hayat senden sevgiden başka hiçbir şey beklemez.

Hayat seni sevmekten başka hiçbir şeye mecbur etmez.

Ve sen bir kere kendini gerçekten sevmeyegör, o andan sonra hayat seni o kocaman sevgilerden asla mahrum etmez.

22

Hiçbirimiz, sadece kendimizden ibaret değiliz.

Hiçbirimiz sadece hissettiklerimiz, gördüklerimiz, amaçladıklarımız veya ardımızda bıraktıklarımız değiliz. Belirli bir gün doğmuş ve belirsiz bir anda ölecek olan, sevdikleri, korktukları, çekindikleri, heyecanları olan o sıradan insan değiliz.

Hiçbirimiz, sadece olduğumuzu sandığımız kişiden ibaret değiliz.

Kendimi bildim bileli, hep birçok insandan oluştuğumu hissettim. Tam temizlenememiş bir mutfak tezgâhı, içinde hâlâ birkaç lokma kalmış bir yemek tabağı, silinse daha da çok parlayabilecek bir pencere camı gibi. Kalıntılarım, tortularım, gözden kaçmış tozlu köşelerim vardı. Anlamlandıramadığım özlemlerim, hiçbir desteği olmayan korkularım, üzerinden atlayamadığım öfkelerim vardı. Tarif etsem edemezdim, edemedim de. Ama biliyordum ki, ben hiçbir zaman sadece ben kadar az, genç ve toy değildim.

Sonra bilmiyorum nasıl, zamanla fark ettim.

Hücrelerimde, fikirlerimin dikkatimi çekmeyen köşelerinde ve davranışlarımın minicik detaylarında saklanan, uzun upuzun bir tarih var. Hiç tanışmadığım, beni hiç bilmeyen ama aynı yoldan yürüdüğüm, annemi, babamı ve onları dünyaya getirenleri dünyaya getiren onlarca insanın tarihi. Yalnız geldiğimi sandığım dünyaya, onların da yazgısını taşıyarak geldim aslında. Bazısını hayatla barıştırmaya, kiminin buradaki hikâyesini sonlandırmaya geldim. Bir tanesinin çözemeden bıraktığı bir düğümü çözmeye geldim. Birinin barışamadığına bir şans daha vermek, diğerinin korkusunun üzerine gitmek, hiç kurulamamış cümleler kurmak, hep unutulan bazı şeyleri yeniden hatırlamaya geldim. Neden sızladığını bilemediğim kuytuda kalmış yaralara yeni bir gözle bakmak, bir ömürde kapatmaya gücüm yetmese bile o yaraları görmeye, bilmeye ve iyileştirmeye çabalamak için geldim. Sahip olduğum süre boyunca sadece kendim için değil, hiç tanımadığım ama beni ben yapan onlarca insan için de elimden geleni yapmaya geldim.

Ben bunları hazmetmeye çalışırken zamanla madalyonun diğer yüzü de gösteriverdi kendini. Aslında sadece tanımadığım yaraları kapatmaya değil, benden sonrakilerin içini sızlatacak yeni yaralar da açmaya geldim. Yeni korkular keşfetmeye, yeni heyecanlar yaşamaya, doyulmayacak zevklere açılmaya geldim. Pansuman yaptığım çizikler bir yana, belki bir o kadar da hiç yoktan çizmeye geldim. Çünkü insanım. Ders almayı öğrendiğim kadar, sınıfta kalmanın nasıl bir his olduğunu da görmeye geldim.

Ben hiç bilmediğimi sandığım fakat biraz arayınca ruhumun bir çekmecesinin içinde elimle koymuş gibi bulduğum tüm hikâyeleri yeniden hatırlamaya ve anlatılmaya vakti kalmamışlara bu ömürde zaman ayırmaya geldim.

O hikâyeler ve umutlar, o korkular ve heyecanlar benim adımlarımın arasına saklandılar. Ben adım attıkça onların yükünü hafifletmeye, dertlerini dökmeye, korkularını törpülemeye, neşelerini parlatmaya geldim.

Uzun zamandır eminim; ben sadece kendim için değil, benden önce yürümüş olanlar için de buraya geldim.

santosha

Sanskritçe *sam* (tamam, bütün) ve *tosha* (memnuniyet, kabul, tatmin) kelimelerinin birleşiminden gelir. Tarifi zor olsa da, genel olarak bir memnuniyet hali gibi tarif edilebilir. Kötü bir durumu kabul etmek veya boyun eğmekten ziyade, olanla birlikte var olmak ve bu varlığın içinde her zaman bir tatmin hissetmekle ve kişinin hangi noktada ise oradan ilerlemeyi kabul etmesiyle ilintilidir.

23

Çok geç fark ettim.

Ve o fark ediş anı bir balyoz gibi indi üzerime. Kelimeler, gülüşmeler ve gürültülerin ortasında bir anda, durup dururken kendime dönüp aslında sevilebilecek bir insan olduğumu söyledim. Hepsi bu. Baştan sona bu kadar. Bu çok basit gibi görünen ama sanki yıllarca hiç bilmediğim bir dilde söylenip benim hiç anlayamadığım cümle içimde duvardan duvara yankılandı. Ağlayacak gibi oldum, gülecek gibi oldum, hiçbir şey yapamadım. Uzun yıllar önce topraklarıma gelişigüzel serpiştirilmiş onlarca tohumun içimde zamanla kök salmasını, filizlenmesini, kupkuru dalların derinlerime doğru uzayışını seyretmiştim hep. O güne dek ne desem, ne düşünsem o kuru dallar yeşermemiş, kırılmamış, yok olmamışlardı.

Neredeyse alışmıştım bu hisle, bu renksiz dal tarlasıyla yaşamaya.

Oysa şimdi hiç yoktan bir anda kendi ayağım ezivermişti onları.

Tek bir fark ediş anı ve hepsi topuğumun altında kalmıştı.

Çok geç fark ettim.

Ben aslında sevilebilecek bir insandım.

Bir insanın bununla yüzleşmesi, ona tam aksini söyleyen biriyle yüzleşmesinden on kat ağırmış, o zaman anladım. Yıllar boyunca hep yetersiz olduğuna emin olan bir insanın içinin bir köşesinin aniden ışıyıp buna karşı çıkması, hem müthiş bir aydınlığa çıkış hem de çok derin bir karanlıkla ilk kez tanışmasıymış, o an anladım. Ve öyle sarsıldım ki, o andan sonra içimin o noktası bir daha hiç aynı kalmadı.

Çok uzun yıllar boyunca kendimi yetersiz ve eksik hissettim. Hep daha çok çalışmam, daha çok başarmam, daha çok olmam gerektiğine inandım. Çünkü o zaman takdir görebilecektim. O zaman bana aferin diyecek, saçlarımı okşayacaklardı. Ben nihayet o zaman onlara layık olabilecektim.

Çocukluktan beri aklımdan geçenler hep bunu besledi. Atılışına bile şahit olmadığım tohumlar yıllar boyunca benimle büyüyüp serpildi. Ne yapsam olmadı, sanki bir türlü yetmedi. Daha iyi olmak için hep daha çok çabalamam gerekti. Elimden gelenin en iyisini yaptığıma herkese inandırmam, ne yapıyorsam en iyisi olmam, asla sıradan kalmamam, diğerlerine karışmamam gerekiyordu. Aklıma kazınan cümleler, hırsla sallanan parmaklar, gözlerimin önünde defalarca çekilen sahneler bana hep eksik taraflarımı gösterdi. Ben saçlarımı inatla daha çok taradım, bildiğim tüm sökükleri hep kendi eteklerimde aradım. Hayal kırıklıklarına basmamak için hep çok dikkatli yürüdüm, yorula yorula hep parmak uçlarıma bastım.

Çok uğraştım. Sevilmek için ayrı, kabul görmek için ayrı, farklılığımı ispat etmek için ayrı uğraştım. Sıkıcı olamazdım, sıradan olamazdım, sürüye zinhar katılamazdım. Hiç bitmedi savaşacaklar ve ben insanüstü çabalar gösterdiğimi uzun zaman hiç anlamadım. İçimdeki kuru dallar uzadıkça uzadı, gün geldi inatla taradığım yumuşacık saçlarıma karıştı.

Çok geç fark ettim. Ve fark edene kadar ömrümden kim bilir ne çok an heba ettim. Dikkat ettikçe gördüm benim gibi ne çok insan olduğunu. Herkesin bir aferin için nelerin peşinden koştuğunu, olmadığı her bir insanın kılığına tek tek girip, ayağını hiç olmayacak pabuçlara tek tek sokup çıkardığını. Kendini yaraladığını ve sıkıştırdığını, nefesini rendelediğini ve ruhunu sıktığını.

Ben çok geç fark ettim. Ama ne zaman ki gerçeği gördüm, o an tek bir cümleyle önümde kocaman kapılar açıldı.

Sadece bu yüzden, bunu söylemek boynumun borcu.

Kim olduğunun ve olamadığının, ne yaptığının ve yapamadığının, nerede düştüğünün ve kalktığının, hatta aslına bakarsan kalkıp kalkmadığının hiçbir önemi yok.

Sadece bunu bilmeni ve içtenlikle inanmanı istiyorum.

Onlar söylemese de, sen tamamsın.

Sevilmek için takdir görmek, bütün hissetmek için dağları devirmek zorunda değilsin.

Tam bugün, olduğun bu halinle sen verilebilecek tüm sevgilere layıksın.

Sen bugün, bu halinle tamsın. Onlar görmese de sen bil yeter; buradasın, varsın ve harikasın.

vade mecum

Latincede *vade* git veya giden, *mecum* ise benimle demektir. Vade mecum ise kişinin hep yanında taşıdığı, sürekli danıştığı, bir nevi tüm bilgileri kapsayan kitaplara denir. En bilinenleri doktorların, mühendislerin vade mecum'larıdır, içinde ihtiyaç olabilecek tüm genel bilgiler bulunur.

Ancak sadece onlar mı? Bence herkesin zor zamanlarda sayfalarının arasında kaybolacağı, aklı karıştığında açıp fikir soracağı, kolunun altına sıkıştırdığında kendini biraz daha güvende hissettiği en azından bir kitabı olmalıdır.

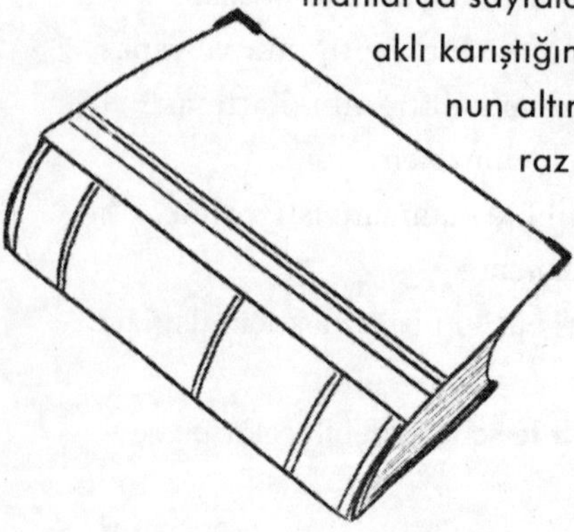

24

Tren yolculuklarını hep çok sevdim.
Çünkü trenler ne hızlanır, ne yavaşlar; ritmi hep bellidir.
Trenler insanı güvende hissettirir, huzur verir.

Çayın dökülmez, yazın bozulmaz.

Tren dediğin insana hep güzel manzaralar izletir.

Yıllar önce bir bahar ayında kendimi hiç yoktan dünyanın en ufak ülkelerinden birinde buldum. Vaktim bol, yapabileceklerim ise çok sınırlıydı. Çare, hiç plan yapmadan, yolun nereye çıkacağını önemsemeden gezmekteydi. Sabahları gözümü açar açmaz tren istasyonuna gidiyor, ilk tren nereyeyse en ucuzundan bir bilet alıyor ve gerçekten birkaç saat sonra bambaşka bir ülkede kahvaltı yapıyor oluyordum.

Tüm tren yolculukları boyunca çok güzel manzaralar izledim. Düzenli tarlaların arasından geçtim, yeşilin onlarca tonuna, baharla yeniden doğan renklere, küçücük köylerdeki masal evlerine şahitlik ettim. Hep yalnızdım ama uzun zamandır ilk kez bu kadar tamam ve bu kadar huzurluydum.

Tren yolculukları bana yüzlerce sahne hediye etti. Ama hepsinden sonra aklımda sadece tek bir an, tek bir kare kaldı.

Yüksekçe bir köprünün üzerinden geçiyorduk. Hafif solda, rayların biraz aşağısında bir karaltı gözüme çarptı. Bir adam, altından geçtiğimiz gölde yüzen kuğuların fotoğrafını çekiyordu. Suyun üzerinde uçar gibi süzülen birkaç kuğu, o kuğuların fotoğrafını çeken bir adam, gölün üzerindeki köprü, köprüden geçen tren, trenden onları bir anlığına gören ben…

Hayat dediğin bazen tamamen çarpışma üzerine.

Ve hayat dediğin bazen tamamen başını çevirip bakıp bakmaman üzerine.

Bu defa hayatın çabasız zarafeti kuğularla değil, o kuğuların fotoğrafın çeken adamla yoluma çıkmıştı. Uzun, kusursuz ama bir noktadan sonra hep kendini tekrarlayan yolların ortasında hayatın bana göz kırpışı gibiydi o an.

Hepimizin sıradan ve tanıdık hayatlarından aynı kuğular geçiyor aralarda birkaç an. Ve hatta şanslıysak birileri onların kıymetini de aynı zarafetle biliyor çok fazla soru sormadan.

Hayat dediğin bazen tamamen anlar üzerine.

Ve hayat dediğin bazen tamamen bu anların anlamını anlayıp anlamaman üzerine.

25

Bir buçuk aylığına Lüksemburg'dayım. Genelde olduğu gibi yine hayatın beni bu noktaya nasıl düşürdüğünü merak ediyor ve buna bir cevap bulamıyorum. Üç kişiyle küçük bir daire paylaşıyor, gündüzleri şehre uygulanacak bazı tasarım işleri için bütün gün hangardan bozma bir stüdyoda çalışıyorum. İşim bazen Lüksemburg'un sokaklarını gezmek, bazen bu sokaklar için yaratıcı fikirler bulmak, bazen de sadece benim gibi orada olan İtalyan, Fransız ve Alman gençlerle fikir alışverişi yapmak. Bu iş nasıl oldu da bana, bize kaldı, gerçekten hâlâ bilmiyorum.

Hafta içi yoğun fakat genellikle tatminsiz geçerken, hafta sonlarının içi iyice boşalıyor. Lüksemburg gerçekten Kadıköy kadar bir şehir ve ben çok sıkılıyorum. İlk cumartesi pazarı hasbelkader atlattıktan sonra bu işin böyle gitmeyeceğine karar veriyorum. Bir sonraki cumartesi günü, uyandığım gibi pijamalarımın üstüne paltomu geçirip sabahın kör ayazında tren is-

tasyonuna koşuyorum. Planım çok net, ilk tren nereye gidiyorsa o gün ben de oraya gidiyorum. Duvardaki eski levhaya bakıyorum; harfler ve saatler gürültülü bir şıkırtıyla dönüyor, yeni şehirler, yeni gidilecek yerler oluşuyor karşımda. Ve ilk sırada Köln çıkıyor. Hiçbir fikrimin olmadığı bir yer; tam bana göre.

Bir saat sonra Lüksemburg'dan Köln'e doğru uzayıp giden bir trenin içindeyim. Yanımdan manzaralar, yanımdan yeşil tarlalar, yanımdan solumadan bile içimi ferahlatan soğuk ve çok temiz havalar geçiyor. Arada bir kahve içiyorum, arada bir uyukluyorum. Tren hiç bilmediğim bir yerlere doğru ilerliyor ve ben bu durumdan çok zevk alıyorum.

Trenden indikten sonra karşımda günübirlik yepyeni bir macera beliriyor. Birkaç soru cevap sonrası yürüyerek katedrale ulaşıyorum; çünkü bence insanın karşısına çıkan her fırsatta bir yerlerde mum yakması, dua etmesi ve aklının ermediği şey-

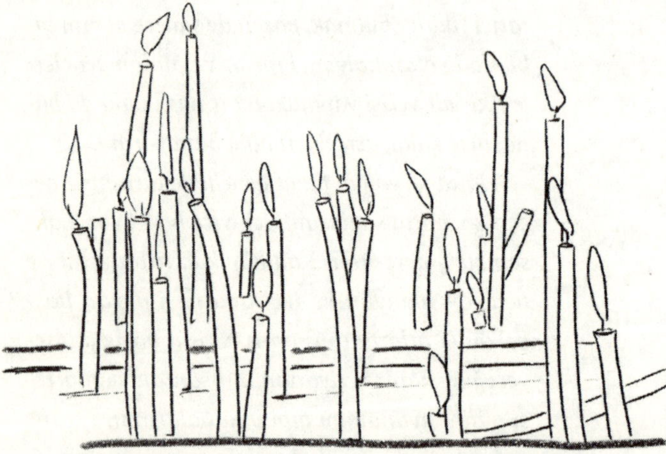

lere müteşekkir olması gerekiyor. Uzun uzun o çok korkunç, o çok siyah, o çok ihtişamlı ve o çok unutulmaz katedralin içinde oturuyorum. Gitmek zorunda olduğum hiçbir yer yok, gitmemem gereken de. Katedralden çıktıktan sonra yürüdükçe yürüyor, çok güzel sokaklarla tanışıyorum. Kahve içtiğim yerde nerede yemek yiyebileceğimi soruyorum, garson çocuk bana hemen köşedeki bir yerden bahsediyor. İkinci bir şansım veya başka bir fikrim yok zaten, gidip söylediği yeri buluyorum.

Ahşap kapıdan içeri girdiğimde herhangi bir restorana gelmiş gibi değil, bir film setine düşmüş gibiyim. Ahşap upuzun masalarda onlarca kişi yan yana oturmuş, çok büyük, çok kalabalık bir aile gibi yemek yiyor. Bir masanın bir köşesine, tüm tek başınalığımla ilişiyorum. Oraya hiç yakışmıyorum sanki ama çaktırmamaya çalışıyorum. Herkesin yediğine benzer koca bir et ve bira söylüyorum kendime. Oysa o güne dek bir kere bile o boyutlarda bir et yemişliğim yok ve bira içmekten gerçekten hiç zevk almıyorum.

Gel gör ki hiç de fena çıkmıyor yemek, tek başıma zevkten dört köşe, tek kelimesini anlamadığım Almanca bir uğultunun altında, etrafımı izleye izleye et yiyip bira içiyorum. "Bu sen misin Ege?" diyorum arada bir kendime, sonra belki de değilimdir diye düşünüyorum. Bu belki de sadece bugünlük Köln'de nefes alıp veren bir Ege'dir, neden olmasın. Oradan çıkıp yürümeye devam ediyorum, öyle güzel bir şehirdeyim ki ayaklarım o kadar sızlamasa sabaha kadar aylak aylak dolaşabilirim. Meşhur kolonya fabrikası çıkıyor bir anda karşıma, kaşla göz arasında ömrümde gördüğüm en güzel müzelerden birini geziyorum. Hava çok soğuyor, ben çok yoruluyorum. Trenler ge-

çiyor aklımdan, dönme vaktim geliyor, biliyorum. Tam o sırada Lüksemburg'da birlikte çalıştığım İtalyan arkadaşım arayıp nerede olduğumu soruyor. Köln cevabı beklemiyor tabii fakat tahminimden çok daha az şaşırıyor. Biraz duraksayıp "Tamam bekle bizi, arabayla seni almaya geliyoruz" diyor.

Bir güne bu kadar sürpriz tam olarak nasıl sığıyor?

Birkaç saat sonra, Almanya'dan Lüksemburg'a uzanan bir otoyolda, bir Türk, bir İtalyan ve bir Fransız, küçük ve döküntü bir arabada fıkra gibi ilerliyoruz. Yorgunluktan tüm varlığım, bedenimin her hücresi sızlıyor. Kendimi yine tahmin edilmez bir senaryonun içine itinayla işlediğimin farkındayım ve bu durumdan müthiş zevk alıyorum. Arka koltukta başımı pencereye yaslayıp uyuyakalmadan önce kendi yansımama son kez gülümsüyorum.

26

İnsanın en çok kendini tanıması zaman alıyor. Ve insan çoğunlukla en az kendini tanımak için zaman harcıyor.
Kendince uzun, yıldızlar tarihinde ise bir göz kırpışından kısa olan ömrüne hep farklı şekiller alan bir beden, hiç aynı kalmayan bir akıl ve milyonlarca fikir sığdırıyor da bunları anlamak için nedense hep çok az çaba sarf ediyor.

Hep aynı şeyi hissettim; insan olmak çok zor. Kendini anlamaya çalışan, içinin istediğinin peşine düşen insan olmak daha zor. Ruh, kişinin içine hasbelkader düştüğü bir çorak tarla; insanın bir ömür onu itinayla ekip biçmesi gerekiyor. Ayrıkotlarını toplaması yetmiyor, o otların neden orada bittiğini de anlaması gerekiyor. Meyvelerini sadece yemesi değil, o meyvelerden geriye kalan tazecik çekirdekleri ondan sonra gelenler için yeniden toprağa bırakması da gerekiyor.

O çorak tarla bir ömür boyunca sadece anlaşılmayı, sesini sadece kendine duyurmayı bekliyor. Ve insan bir kez duymayagörsün, bir daha içinin sesini kısmaya kıyamıyor.

Bunu fark edeli beri gözlerim dışarı olduğundan daha fazla içe dönük. Her bir davranışımı, tepkimi, öfkemi, sevincimi ve acımı fazlasıyla önemsiyorum. Her birini önüme alıp teker teker hassas terazilere yatırıyorum. Onu neden hissettiğimi, buna neden kırıldığımı ve tam olarak neremden kırıldığımı anlamaya çalışıyorum. İnsanın kendine güvenmesi bile zaman alıyor ama bir kere güvenince ihtiyaçları filizleniveriyor birden; çekingen itirazlarının titrek sesleri yükseliyor. Kaçak sızıntılar çıkıyor ortaya, unutulmuş tıkanıklıklar görünür oluyor.

Çünkü aslında fark edilmek yaraların da hoşuna gidiyor.

Anlaşılmanın yumuşak eli insanların sadece tenine değil, hücrelerine de dokunuyor. Derinlere inmek cesaret istiyor evet, fakat indikçe mutlaka bazı düğümler çözülüyor.

Ama bir anda, ama yıllar boyunca.
Ama mutlaka sebatla ve ısrarla.

İnsan kendi karanlık koridorlarında karşılaştıklarından her zaman hoşlanmıyor, insan bazen en çok kendini yadırgıyor. Olsun. Çürük dişin yerini bir kere belirledi mi sonrası kolay; insan dilini oraya artık hep daha dikkatli değdiriyor.

27

Koca bir ah oturdu bugün içime.
Dün varlığından bile haberimin olmadığı bir rüzgâr, bugün içimdeki tüm şalterleri tek tek indirdi. Nefes aldıkça batan, battıkça büyüyen, büyüdükçe bir sonraki nefesimin yolunu tıkayan bir ah oldu.

Koca bir ah oturdu bugün içime.

Ben buna hiç hazırlıklı değildim, ne yapacağımı bilemedim.

Kımıltısız, sanki sonsuzluğun başından beri yanan bir mum ışığının üzerine hiç beklenmedik bir anda bir bardak kapatılmış gibi, o kıpırtısız ışık önce heyecanla çırpınmış, sonra çaresizce ve sessizce sönmüş gibi bir ah. Hiç tanımadığım bir sızı, hiç beklenmedik bir yerden patlak vermiş bir elektrik kaçağı.

Bir kıssanın hisseye varan yolu bazen fazlasıyla acılı oluyor.

Hayat insana hep ders veriyor, dersler ise

insana bazen neşe, bazen güç, bazen acı.

Koca bir ah oturdu bugün içime.

Ve sadece bunları söyleyebildim sevdiklerime:

Lütfen, ışığına sahip çık.

Işığını koru, ışığını sev ve ışığının kırılganlığını bil.

Bugün bazen heyecanla titreşen, bazen huzurla uzayan ışığının üzerine o bardağın ne zaman ve hangi hızda gelip kapanacağını hiç bilmiyorsun. Hangi çok önemli işleri düşünürken, hangi sonu gelmez planları yaparken o bardak senin ışığını söndürecek, hangi yarınların yarım kalacak hiç bilmiyorsun. Biliyorum, hiç gelmeyecek sanıyorsun. Oysa hiç gelmeyeceğini sandığın her gün ona biraz daha yaklaşıyorsun.

Işığına sahip çık.

Üzerinin örtüleceği güne kadar, o titrek pırıltıyı kimsenin soldurmasına izin verme. Son güne dek aynı heyecanla parla, aynı huzurla uza ve inatla sadece kendine has ışığını yay. Başka ışıklara benzemeye çalışma, bu seni sadece içine doğru eritir. Sen sadece olduğun yerde, sahip olduğun renklerle yaşa.

Işığının kıymetini bil. Onun istediği hiçbir şeyi erteleme, ona sonra deme, belki deme, hevesini kursağında bırakma. Yapmak ve bırakmak, söylemek ve susmak, düşünmek ve unutmak istediğin her ne varsa bir an daha bekleme.

Yeni cesaretlere yer, bırakmak istediklerine yol aç.

Hiçbirimiz kırılgan bir mumun ucunda titreyen incecik bir ışıktan fazlası değiliz. Çok geç kalmadan bunu cesur bir alçakgönüllülükle kabul etmeliyiz.

11.3.2018

sadece boşluk

Bruce Lee çoğunluğun bildiği imajının yanı sıra büyük bir düşünür, bir felsefe insanıydı. "Su gibi ol arkadaşım" demişti sonradan çok ünlenen bir röportajında. "Suyu bardağa koyarsan su bardak olur, şişeye koyarsan şişe olur."

Su gibi formsuz, şekilsiz ol.

Ve sıklıkla şunu hatırlatmıştı: "Benim suyumun tadını alabilmek için önce kendi bardağını boşaltmalı, beni gerçekten anlayabilmek için zihnindeki tüm ezberlenmiş fikir ve önyargılardan arınmalısın. Bir bardak ne zaman faydalıdır, sadece boş olduğunda."

28

Aynı yerden aynı yere bakmayı bırak, en azından şu anda.

Birkaç dakika için faydalı olana değil, faydasız görünene kıymet vermeyi dene. Bugüne dek yücelttiklerini bir kenara koy ve yüzüne bakmadığın, dikkatini vermediğin her ne ise ona çevir yüzünü; faydasız, sıradan ve yararsız görünen her ne varsa ona.

Bugüne dek ona yüklediğin tüm anlamları unut. Bir daha bak, sonra bir daha.

Sana bugüne dek hep faydalı olmayı öğrettiler. Ailene, yaşadığın yere ve pek tabii kendine. Önemli meslekler, ciddi statüler, değerli sıfatlar beklediler. Üzerine bir görev daha, boş vakitlerine bir hobi daha eklediler. Gözün dışarıda top oynayan çocuklara kayacak oldu, aldılar seni pencere kenarından, yeniden masanın başına oturttular. Hep ciddi işler beklediler, herkese faydan dokunsun istediler; bir de elbette hep daha yüksek puanlar ve hep daha yüksek mertebeler. Sana, bana ve hepimize bunları ince ince işlediler. Boş oturmayacak, mutlaka bir şeyler yapacaktık. Çünkü öbür türlü faydasızdık, kocaman bir vakit kaybıydık.

Oysa, ne kadar yazık.

Oysa bize nefes aldıran tam da o kaçındığımız faydasızlık.

O aralardaki görünmez boşluk, o korktuğumuz kullanışsızlık.

Hep görmezden gelinen sıradanlık.

Lao Tzu şöyle der: "Sen bir sandalyede otururken senin için yararlı görünen tek şey oturduğun sandalye gibi gelir. Sanki geri kalan hiçbir şeye ihtiyacın yoktur, oturman için üzerinde bulunduğun sandalye yeterlidir. Öyleyse sandalyenin çevresindeki tüm "faydasızlar"ı alsak ne olur? Üzerinde oturduğun sandalye ve sen sonsuz bir hiçliğin ortasında kalakalır, her ikiniz de biraz önce sahip olduğunuz ve fark etmediğiniz tüm faydaları kaybedersiniz."

Şimdi gözünün gördüğü her şeye tekrar bak, yeni bir gözle.

Faydasız görünen boşluklara, kullanışsız duran köşelere mecburuz. Evini ev yapan dört duvar değil, o duvarların arasındaki boşluktur. Bir sürahiyi yararlı kılan yapıldığı çamur değil, suyun dolacağı boşluktur. Ve bir insan eğer kendini tanımak istiyorsa ilk bakacağı yer ona başkaları tarafından ezberletilenler ve faydalı olmak için yaptığı şeyler değil, hiçbir şey yapmıyorkenki halidir. Boşlukları, gizli köşeleri, ona çok sıradan görünen ama aslında kimseye benzemeyen taraflarıdır. Tüm hareketinin arasında bulduğu en boş zamanları, sessizlikleri ve aslında kendini kullanışsız hissettiği anlarıdır.

İnsanın işine en çok bu zamanlar, bu haller, bu boşluklar yarar.

Kendini hiç yoktan yormaya başlarsan bir dur ve bunu da düşün: Bir odadan veya bir sürahiden farksız olarak, insana da özündeki anlamı sadece içindeki boşlukları katar.

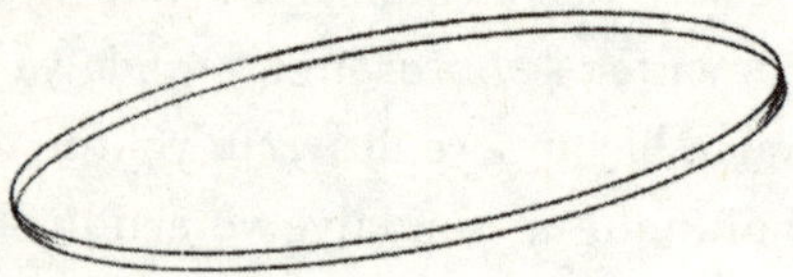

29

Bir an var, bazısının evine hiç uğramıyor, bir kez olsun zilini çalmıyor.

Uğradıklarının ise sonrasını son gününe kadar değiştiriyor.

Buraya kadar diyorsun o an; yapabileceklerim, söyleyebileceklerim, üzülebileceklerim ve düşünebileceklerim bu kadar ve buraya kadar. Sonrası yok, sonrasına ekleyebileceğim hiçbir şeyim yok.

Hepsi bu, hepsi bu kadar, hepsi buraya kadar.

Çok uzun bir yolu çok hızlı koşmuşsun da yine de varamamışsın gibi, başını hiç kaldırmadan onlarca sayfa mektup yazmışsın da yollayamamışsın gibi, saatlerce tek tek her şeyi anlatmaya çalışmışsın da sesini hiç duyuramamışsın gibi bir his içine yayılıyor. O yayıldıkça sen daha çok yoruluyorsun. Kendinden sıkılıyor, ümidinden soğuyor, hayallerinden uzaklaşıyorsun. Önünde uzayan, ellerinle hazırladığın yemeklerle dolu o çok özendiğin sofraya kimse oturmayınca, masayı olduğu gibi yere devirmek istiyorsun.

Ve deviriyorsun da. Artık ne olacaksa olsun diyor bir yanın, bir yanın ise hâlâ onca uğraşına üzülüyor içten içe. Bir tarafın olacak her şeye fazlasıyla hazırlıklı dururken, diğer tarafın yazık olanların çetelesini tutuyor gizlice. İnsanoğlu böyle, hiçbir zaman ruhunun tamamını öfkeye kurban edemiyor.

Her şey tek bir ana bakıyor.

Ne zaman ki doğru zamanda kapını çalıyor, o an sen onu içeri buyur ediyorsun. O, senin büyüdüğün an. O, senin değiştiğin, hem kendini hiç tanıyamadığın, hem kendinle ilk kez tanıştığın an. O, eski kabuğundan kurtulduğun an.

Ayakları yollar boyunca yürümekten nasır tutmuş, başı fazla düşünmekten ağrımış, kalbi bir hiç peşinde koşmaktan yorgun düşmüş olan kabuğun arkanda bir enkaz gibi yatıyor. Ve sen yürüyorsun. İlk kez koşmuyor ve belki de ilk kez nereye gittiğini bilmiyorsun.

Olsun, sen yürü.

Artık eski seni bırak.

Hayat bugün onu sadece fark etmeni, barışamasan bile anlamanı ve artık bir kenara bırakmanı istiyor. Yıllardır ondan başkasını bilmediğin kabuğunu terk ettikten sonra canın bir süre acıyacak, kendini korunmasız hissedeceksin. Rüzgârı daha fazla hissedecek, güneşte daha kolay kızaracaksın. Olsun. Sen yürü. Zamanla kuvvetlenecek, belki şekil değiştireceksin. Belki dalların olacak, belki yüzgeçlerin. Belki uzun seneleri gökyüzünde, daha uzunlarını denizlerin derinlerinde geçireceksin. İçinde hep rüzgârlar esecek; bazen bir nefes kadar kısa, bazen kuvvetli bir fırtına.

Sen yürü, yoldan başka gerçek yok.

İşin aslını istersen yolun başı da, sonu da yok.

Bir an var, bazısına hiç uğramıyor.

Uğradığını ise asla eskisi gibi bırakmıyor.

Ne zaman ki sana uğrayacak, artık senden hep daha yeni, hep daha taze olmanı isteyecek. Bitti diyenler olacak, arkandan konuşacaklar. Seni korkutacak, belki gözlerinin içine bakıp acıyacaklar.

Sen sakın onlara inanma.

Bir kere yürümeye başlayınca yol her gün yeniden önüne serilecek.

Ve sen hiç kimseyi dinleme.

Sabretmeyi bilirsen adımların zamanla rahatlayacak, aklın mutlaka gevşeyecek ve ulaşmak istediğin ufuk nihayet karşında belirecek.

kintsugi

Japonca altın ve tamir kelimelerinden oluşur. Japon kültüründe kırılan seramiklerin altın veya gümüş suyuyla birbirlerine yapıştırılmasını anlatır. Kırılan bir tabağı kullanılmaz görmekten de öte, kırık izlerini saklamaya bile ihtiyaç duymamayı, onları sevmeyi, kabul etmeyi benimser.

Sadece tabaklar değil elbet, kırıkları bir insanı da olduğundan kıymetli yapar. Kırıklarını itinayla onaran, yüksünmeden yapıştıran ve sevgiyle benimseyen insan bir daha hiç aynı kalmaz; büyür, değişir, çok güzelleşir.

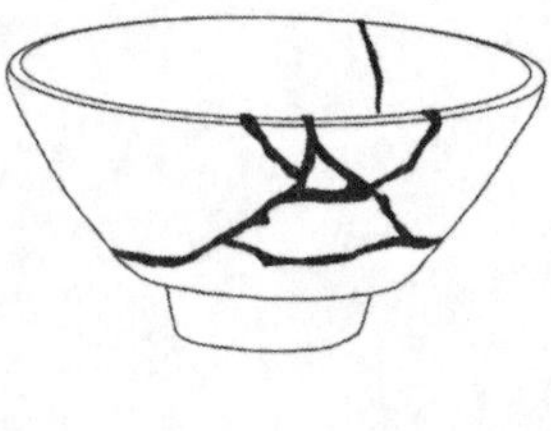

30

Her pişman olduğunda seni pişman olduğuna pişman ediyorlar.
Her keşke dediğinde, keşke keşke demeseydim dedirtiyorlar.

Tüm süslü cümleler pişmanlıktan uzak hayatlardan, kendinden çok emin davranışlardan, arkasına hiç bakmayan sağlam adımlı insanlardan bahsediyor.

O insanlar hiç düşmüyor, yanlış kararlar zinhar onların sokaklarından geçmiyor. Her karar hızlı, her karar doğru, her karar zamanında alınıyor. O insanlar hiç geç kalmıyor, o insanlar yola nereden çıkarsa çıksın hep doğru yere varıyor.

Oysa hepsi yalan.

Çünkü o korkulan hendeklerin üzerinden atlamadıkça hiç büyümüyor insan.

Seni kötü hissettirmelerine sakın izin verme. Sundukları plastik hayatlara inanma. Eline tutuşturmaya çalıştıkları çekin karşılıksız olduğunu sakın unutma. Rahatça pişman ol. Uzun uzun, tane tane hisset içinde, pişman olduğun her ne ise. Gerekiyorsa bağır çağır hayata, ağız dolusu "keşke" de. Arkana elli kere bak, sonra kendine kızıp elli birinci defa önüne dön. Aklını ellinci defa arkandan topla, sonra al o dağınıklığı önüne koyup yeniden başla.

Sen insansın. Bunların hepsi senin hakkın, senin hammadden, senin kumaşın.

Ve insan olmak demek, tam da bu demek. Hata yapmak, aldanmak demek. İnsan olmak, tam çukurdan çıktım sanırken ellerin çamurdan kayması, çukura bir öncekinden daha da sert düşmek demek. İnsan olmak utanmak, kırılmak demek. Bir daha hiç kalkamayacağını sanmak, keşkelerden kendi üzerine ağır bir yorgan dikip sonra onun sıkıntısıyla uykuya dalamamak demek. İnsan olmak ağzına geleni söylemek, sonra cümlenin orta yerine varmadan söyleyeceklerinden çoktan vazgeçmek demek.

İnsan olmak cesaretle pişman olabilmek demek.

Fakat diğer yandan, insan olmak yeniden ayağa kalkabilmek de demek. Son bir gayretle çukurun ağzına kadar yeniden tırmanmak, kendini nihayet düzlüğe çıkarabilmek demek. Gecelerce uyuyamadıktan sonra üzerindeki ağır örtüyü atıp pencereyi açabilmek, içeri giren rüzgârın hafifliğiyle bir sabaha karşı nihayet uykuya dalabilmek demek. İnsan olmak günlerce keşkelerden boğulduktan sonra burnunu nihayet suyun üzerine çıkarabilmek, yeniden nefes alabilmek ve henüz çok uzakta da olsa karayı gözüne kestirebilmek demek. Çünkü insan olmak ne olursa olsun her pişmanlığa bir avuntu, her sıkıntıya bir nefes, her çaresizliğe bir ümit yapıştırmak demek.

Yaşadıklarından pişman olmaktan korkma, keşkelerden çekinme. İçi boş süslü cümlelere, fazla parlak kapaklı kitaplara ve ders alınmamış hatalara inanma. Girdiğin yanlış yolları tanı, pişmanlığını gör, sonra da at onu ayaklarına çarpıp duran denize. Sen yürümeye devam et. En rahat nefes alacağın yollara çevir yüzünü, gerekirse uzat yolunu ama yürümekten hiç vazgeçme.

Pişmanlıkların hiçbir zaman senin zayıflığın olmadı, buna sakın inanma.

Gerçek zayıflık, zayıflıklarını kabul etmemekte.

Ve lütfen hataların geri dönülmez olduğu söylentilerine kulak asma.

Asıl geri dönülmez olan, bir geri dönüş yolunun olabileceğini hiç düşünmemekte.

31

Hepimiz birbirimize benziyoruz.

Biraz derine inersen, biraz içeri bakarsan, biraz sessiz kalırsan anlarsın; hepimiz aynı sudan damlıyoruz.

Diğer yandan, hepimiz bir benzeri daha olmayan hayatlar yaşıyoruz.

Ne kadar aynı görünürsek görünelim defterin sayfalarını hep farklı çeviriyor, manzaralara hep farklı köşelerden bakıyor, kelimeleri hep farklı duyuyoruz.

Hayat bize insanlar gösteriyor ve anlar, anılar, acılar.

Bakıyoruz, görüyoruz, bazen gözümüzü kaçırıyoruz.

Çünkü aslında bazı şeylerin mutlaka kaçması gerekiyor gözden, kimi ışıklara baktığında gözüne aniden bir kirpik batıveriyor. Ovuşturuyorsun, geçmiyor. Ovuşturdukça daha çok batıyor. Elini çekiyorsun çekmesine ama aklın oradan çekilmiyor. Yıllar geçiyor, o kirpik oradan çıkmıyor. Sana inatla kendini hatırlatıyor bir yandan, bir yandan da hayat devam ediyor.

Sana kendini iyice gösterene kadar, tüm canını o minicik noktaya toplayana kadar, aklın artık ondan başkasını düşünemez olana kadar o kirpik gözünden çıkmıyor. Unuttum sanıyorsun, sana uzaktan bir işaret çakıyor. Hiç yoktan bir ses, sana onu hatırlatıyor.

Çünkü senin onu görmen, tanıman, kabul etmen gerekiyor.

Çünkü hayatla aynı dili konuşmasan da bir şekilde onu anlaman, öğütmen, sonra ya sindirmen ya kusman gerekiyor.

Hayat sana bazı şeylerin tadını mutlaka denetiyor.

Sonunda ya ağzında şahane bir tat kalıyor ya da kendini dışarı atan safradan yemek borun bir ömür ekşi ekşi yanıyor.

Aslında hayat da, her şeyi kendi yöntemleriyle tarif ediyor sana. O da senin, o da benim gibi başkalarının değil, sadece kendi dilini konuşuyor. Ve hayatın bu dilini herkes kendi kalbinin çarptığı hızda, aklını ortadan kaldırabildiği kadar anlayabiliyor.

Aç kalbini, unut aklını.

Hayatın sana anlatmaya çalıştıklarını anla.

Gör diyorsa gör, yap diyorsa yap, yan diyorsa yan.

Küçük Prens'in söylediklerini hatırla.

Bedeli neyse ödenir, cevap ne ise verilir.

Sen hayata kulaklarını tıkama, kalbini kapama.

crown shyness

Dünyanın sadece belirli bölgelerindeki bazı ağaç türlerinde görünen bir fenomen. Göğe yükselen ağaçların tepeleri birbirine hiçbir noktadan değmez, biri hemen yanındaki diğerinin formuna göre şekil alır. Yerden gökyüzüne doğru bakıldığında ise ağaçların arasından gökyüzü incecik ve kalemle çizilmiş çizgiler gibi görünür. Bu durumun net bir açıklaması hâlâ yapılamıyor, farklı fiziksel ve evrimsel fikirler mevcut. Zaten sebebi ne olursa olsun durum değişmiyor; insan bir kere keşfetmek için bakmaya başlayınca, doğa onu şaşırtacak bir şeyler mutlaka yapıyor.

32

En başa dönelim mi?
Yanlış diye bir şey yok.
Yanlış bir karar, yanlış bir söz veya yanlış bir davranış; aslında hiçbiri yok.

Ayıp etmek yok.

Doğru zamanda söylenmemiş cümleler, en olmadık yerde ağızdan kaçan gülüşmeler, verilmiş ama kendini tutamamış sözler yok.

Sadece anlar var, haller var, insanlar var, duygular var.

Ve evet, aslında hepsi bu kadar.

Aslında hayat denen yolun üzerinde ne yanlış diye bir sapak, ne ayıp adında bir sokak, ne de seni yargılayacak çukurlar var. Yol boyunca sadece senin hissettiklerin, senin yaşadıkların, yaşadıkların yüzünden taşıdıkların ve taşıdıkça yaralandıkların var.

Epiktetos şöyle der: "Olan hiçbir zaman aktivitenin kendisi değildir."

Acı, acı değildir. Zorluk, zor değildir. Sevinç, sevinçli değildir.

Ve bunlarla birlikte karşındaki kişi, aslında tamamen senin ona yüklediğin anlamlardan ibarettir. Olan, senin ona kattığın bilinçtir. Herhangi bir şeyin seni üzmesi, sadece sen buna izin verdiğin içindir.

Başına gelen her şey senin içindeki farklı bir bahçede yürür ve nerede yürürse oradaki duyguların ayaklanır. Bir de böyle düşün, insanlar çoğunlukla seni kırmak için uğraşmaz; bazen yolları senin kırıklarının olduğu topraklara düşer. Bazı şeyler seni daha çok yaralar, çünkü henüz yeni gömmüşsündür toprağın altına. Bazısı kendini hissettirmez bile, çünkü yıllar yıllar önce karışmıştır derinlerine. Ve aynı şekilde, insanlar seni mutlu etmek için de uğraşmaz, sadece yolları senin en renkli çiçeklerinin açtığı yerlerden geçer.

Hepsi bu.

Olaylar oluyor, insanlar konuşuyor. İnsanlar yapıyor, yapmıyor, gülüyor ya da susuyor. Sen o güne dek kendini neye inandırmışsan, gördüğün o aynadan yansıyor. Ayıp diyorsun. Kızıyorsun. Bazen üzülüyor, bazen seviniyorsun.

Bir de buradan bak. Aslında hepsi sadece olan. Ve olan, hissettiklerinin kendisi olmadı çoğu zaman. Acının da, neşenin de özü karşındakinin kim olduğuyla ilgili değil, sadece senin içindeki bahçelerle ilgili. Olan olur, bu seninle ilgili değildir. Seni ilgilendiren olanlar hakkındaki düşüncelerin, başkalarının gezmesine izin verdiğin bahçelerindir.

Sen biraz kendi içinden çık, sadece olana bak. Üzülmeden, darılmadan, sevinmeden. Kimin hangi bahçende, hangi çorak topraklarında, hangi bereketli tarlalarında ve hangi kuytu köşelerinde gezindiğini izle. İçinde filizlenen çiçeklere, çok sulamaktan balçığa dönmüş, kuruyamayan ovalarına bak. Ve onları anla; neden buz tuttuklarını, neden kuruduklarını ve tam olarak ne zaman çiçek açtıklarını.

İçindeki bahçeleri görmeye başladıkça anlayacaksın. Ayıp yok, hata yok. Üzücü, kırıcı, yaralayıcı hiçbir şey yok.

Sadece olan var.

Bir de senin içindeki, bir ömür boyunca sonsuz defa şekil değiştiren tarlalar.

33

Paris'teki çiçekçide son yılım. Kapıdan dizleri titreyerek giren ve söylenen hiçbir şeyi anlamayan kızdan, çevresinde olup biten her şeye hâkim, kozasını çoktan yırtıp kanatlarının uzunluğunu keşfetmeye başlayan bambaşka bir insana dönüşmemin son yılındayım. Hâlâ çok çalışıyorum, hâlâ çok yoruluyorum, hâlâ halimden çok memnunum.

Bir gün öğleden sonra dükkâna bir telefon geliyor; birkaç sokak arkada yaşayan müşterilerimizden biri evine geçen haftalarda aldığı bir bitkiden memnun olmadığını, yenisini istediğini fakat önce bunu gelip almamız gerektiğini söylüyor. Neden bilmiyorum, anında üstüme alıyorum işi, "Biri benimle gelsin, gidelim halledelim" diyorum. Bu cengâverlik kanda olduğu sürece zaten benim hayatım istesem de sakinleyemiyor. Şoförle arabaya atlıyoruz, adrese doğru yola çıkıyoruz.

Hep filmlerde izlediğim enfes Paris apartmanlarında iş yapmaya artık alışığım fakat göz alıcı güzelliklerine, içimi titreten ihtişamlarına bir tür-

lü alışamıyorum. Her defasında kapıdan girer girmez önce apartmanın merdivenlerine, sonra mutlaka asansörüne, duvarlarındaki oymalara, halılarına hayran olup işi gücü unutuyorum.

Yine aynıları yaşanıyor, fakat bu defa hızlı kendime geliyorum. Yine dünya güzeli bir asansöre binip en üst kata çıkıyoruz. Karşımıza iki büyük kapı çıkıyor; önlüğümün cebinden not kağıdını çıkarıyorum, soldaki kapı diyorum. Zili çalıyorum, karşıma evin temizlikçisi çıkıyor. "Bir bitki varmış" diyorum, "alınacak." "Evet" diyorlar, "içeride, şurada."

Odalar, odalar, odalar. Salonlar, holler ve yine odalar. Çok çok yüksek tavanlar. Arada pencerelerden gözüme çarpan Paris manzarası, çarpıp devirmekten korktuğum kıymetli biblolar ve hep antika mobilyalar. Sonunda almaya geldiğimiz meşhur bitkiye ulaşıyoruz; benim üç katım yüksekliğinde, korkutucu büyüklükte bir Benjamin. Geri dönüş yok. Şoför saksının bir ucundan tutuyor, ben diğer ucundan. Evi arşınlayıp nihayet asansöre varıyoruz. Gel gör ki devasa Benjamin elbette asansöre sığmıyor. Yapılacak tek şey var ve benim cesaretimi ve bedenimi bunun için hazırlamaya başlamam gerekiyor. Derin bir nefes alıp altı kat boyunca Benjamin'i apartmanın geniş merdivenlerinden indirmeye başlıyoruz, tertemiz halılara toprak dökmemeye gayretle, döne döne. Belim mi daha çok ağrıyor, ellerim mi daha çok zonkluyor yoksa sırtım mı daha çok sızlıyor bilmiyorum. Belki de artık tamamen ölüyüm; bedenime dair hiçbir şey hissedemiyorum. Arabanın önüne gelip de Benjamin'i kalan son gücümüzle bagaja yükleyecekken, apartman görevlisi arkamdan koşarak geliyor. "Madame, merdivenleri temizlemeden gidemezsiniz!"

Haklı. Paris'te bir apartman görevlisi olmak tam olarak bunu gerektiriyor. Süpürge diyecek oluyorum, onu da siz bulun diyor, arkasını dönüp gidiyor. Şoförü orada bırakıp tekrar en üst kata çıkıyor, ağacı aldığımız dairenin zilini çalıyorum. Yok bizde diyor, elektrik süpürgesinden başka bir şey yok. Haklı. Paris'te bir dairenin çalışanı olmak tam olarak bunu gerektiriyor. Ben son çare karşı dairenin zilini çalıyorum bu kez. Biraz bekledikten sonra iki kanatlı dev kapı açılıyor. Karşımda yine bir temizlikçi, fakat bu kez daha fazlası da var. Ömrümde bir daha hiç görmeyeceğime neredeyse emin olduğum bir sahneyle karşılaşıyorum. Kadının arkasında, hayatımda bir evin sınırları içinde görüp görebileceğim en uzun, en büyük akvaryum uzanıyor. Akvaryumun diğer tarafındaki pencereden ise hayal meyal aydınlık Paris manzarası seçiliyor. Fakat dilimin tutulması sadece bunlar yüzünden değil, akvaryumun içinde bir uçtan uça, sakince ve salına salına koca bir vatos yüzüyor. O güne dek sadece belgesellerde gördüğüm cinsten bir vatos.

Ben hiçbir şey soramadan, tepki bile veremeden karşımdaki temizlikçinin boş bakışlarına karşılık öylece duruyorum. Vatos bu kez o uçtan diğerine süzülüyor. Paris ise pencereden olan bitene çok alışkın görünüyor. Nasıl süpürge faraş diyorum, orada tam olarak ne yapıyorum bilmiyorum. Kadın alelacele ikisini de elime tutuşturup kapının iki kanadını da küt diye suratıma kapatıyor.

Sonraki yarım saat bir elimde faraş bir elimde süpürge, altı kat boyunca bir Paris apartmanının merdivenlerindeki halıyı süpürüyorum. Altı kat boyunca aklımda kocaman bir vatosu, sakince bir uçtan öbür uca yüzdürüyorum.

Şimdi düşününce her şey daha iyi yerine oturuyor. O ağacı almaya neden gitmek istediğimi, merdivenleri neden kirlettiğimizi, diğer dairede neden bana bir süpürge bile vermediklerini şimdi çok daha iyi anlıyorum. İnsanın bazen bazı şeyleri sadece bir kere görüp ama evet mutlaka görüp sonra bir daha hiç unutmaması gerekiyor. Ben de o gün bu masal için sıramı savıyorum.

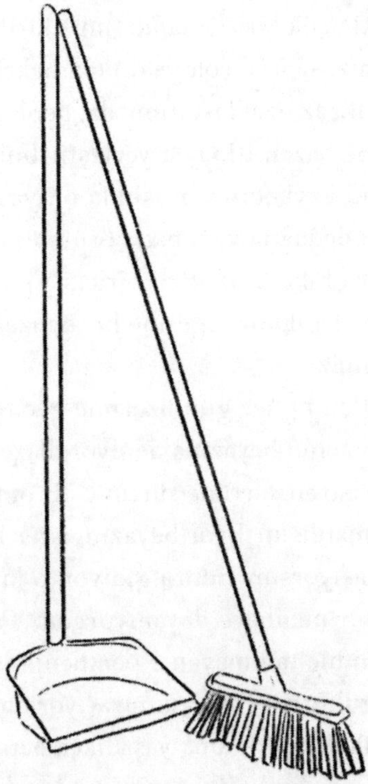

34

İçinde dönüp durduğumuz, çok mahrem, çok saklı, çok biricik sandığımız kırılgan hayatlarımız, sadece çok yakından baktığımızda öyle. Biraz uzaklaştığımızda, hepimiz birbirinin içine bazen itinayla yerleştirilmiş, bazen yolunu kaybedip yanlışlıkla oraya düşmüş, bazen de inatla ve sebatla örülmüş onlarca, tonlarca hikâyeyiz. Bizi biricik yapan hayatlarımız değil, bir diğerine hiç benzemeyen renklerimiz.

Benim her gün üzerime geçirdiğim grilerim senin beyazına değiyor; bazen bir anlığına, bazen sürtüne sürtüne bir ömür boyunca. Zamanla kırılıyor beyazın, ister istemez başkalaşıyorsun. Sonra gidiyor, o kırık beyazınla bir pembeye dayanıyorsun. Ta oralardan, beni hiç tanımayan o pembenin ışığıyla gelip soğuk grilerimi yumuşatıyorsun. İnsan tek renk doğuyor ama yaşadıkça hep başka renklere değiyor, dönüyor, değişiyor. Zamanlar boyunca istese de hiç aynı kalmıyor. Gün geliyor soluyor, bir gün koyulaşıp bir gün pırıl pırıl parlıyor. Bazen yanlışlıkla renklilerle makineye atılmış tek bir beyaz gibi, yolun sonunda bir ucundan açık pembe, diğer ucundan soluk yeşil oluveriyor. Öyle net dönüyor ki rengi, mecburen onu da kabul ediyor. Çoğunlukla farkında olamıyor, hiçbir zaman sayısını tam olarak bilemiyor, ama değdiği, dokunduğu, kaçtığı ve sarıldığı her renkle kendini de değiştiriyor.

Ezberlerimizden çok daha bağlı, çok daha yakın, çok daha aynı, çok daha sıradanız. İnsan bir yanda solmuş siyahlarına ve küflenmiş yeşillerine, bir yanda hepsine inat ışıldayan tazecik sarılarına bakınca daha iyi fark ediyor.

35

Hepimiz yanlış yollara girdik.

Ama sonra bir de o yolları aydınlığa çıkaran köprüler çıktı karşımıza.

Kalbimizi taze ceviz gibi kıranlar da oldu, aynı kalbi avcuna alıp kibarca okşayanlar da. Solan çiçeklerimiz de oldu elbet, hassas filizlerden doğan lezzetli meyvelerimiz de. İliğimizi titreten soğuklar da geçti içimizden, bir o kadar taptaze açan güneşler de.

Yok, korkuya mahal yok.

Yollar eninde sonunda mutlaka iyiliğe, mutlaka sevgiye, mutlaka güneşe varır.

Bir de böyle düşün; belki de yürüdüğün tüm çakıllı yollar seni bir yerlerde mutlaka çiçekli tarlaların olduğuna inandırmak için vardır.

dolce far niente

Tam tercüme edilemeyen ama bazı durumları tarif etmek için kendisinden daha iyisi bulunamayan İtalyanca bir deyiştir. Yakın olarak "hiçbir şey yapmamanın tatlılığı" olarak çevrilebilir. Hiçbir şey düşünmeden bir hamakta uzanmak, tüm dünya seninmiş gibi çimlere yayılmak, bir yaz akşamı evin balkonundaki salıncakta uyuyakalmak gibi bir his verir insana. İtiraf edelim mi artık bunu? Aslında hep aksini savunsalar da hiçbir şey yapmamak da pek tatlı, pek keyiflidir.

36

Hislerini bastırma.

Çünkü sen de biliyorsun, bastırılan şey her ne olursa olsun kendini doğru ifade edemez. Sıkışır, sıkılır, sıkıntı yaratır. Bir gün bir yerde mutlaka patlar, hiç beklenmedik bir gürültü koparır. Tane tane söyleyebileceklerin diline dolanır, sessizce anlatmak istediklerinin sesi gider en uzak ülkelere yayılır.

Sen sakın hislerini bastırma.

Onları görmezden gelme ve kendini onlara yabancılaştırma.

Görmezden gelinen her şey gibi içinde büyüyen hisler de zamanla hırçınlaşır.

Kendini tanımanın en kolay ama en acılı, en doğru ama en zorlu yolu yıllar boyunca içinde filizlenmiş, meyve vermiş, kimi çoğalmış, kimi kurumuş kalmış tüm hislerini tanımaktır ve bu yol biraz cesaret, biraz da kuvvetli sinirler ister.

Başına her ne geldiyse geldi. İnsansın,

haklısın. Öfkelendin, üzüldün, acıdın, kırıldın, yaralandın, sevindin, utandın. Sen insansın ve bunların hepsinden yaratıldın. Her ne olduysa oldu. Kabul et. Hissettiğin, içini dağlayan, gözlerini dolduran, yüreğini sıkıştıran her ne ise, ona bak ve varlığını kabul et. Belki başındaki ağrı, belki kalbindeki sızı, belki topuklarındaki ağırlığın sebebi o; her nerendeyse bul onu. Hiçbir kalıntısı kalmayana dek yerinden kazı, kendini senden ne kadar gizlemek isterse istersin en son parçasına kadar onu yerinden sök, gözünün önüne koy.

Yavaş yavaş bak. Uzun uzun hisset. Acıyı, sızıyı, sevinci veya öfkeyi, tekrar tekrar hisset. Onu anlamaya çalışırken bedeninde ve ruhunda dokunduğu her yeri fark et. Ne kadar kırıldıysan, üzüldüysen o kadar uzun, o kadar yavaş, o kadar derin bak ona. Gözlerinin önünde genişlemesi, nefes alıp vermesi, kendini ifade etmesi, neden var olduğunu anlatması için izin ver. Ona zaman tanı. Belki saatlerini, belki günlerini alacak bu. Acele etme. Tanımadığın, adlandıramadığın veya anlamlandıramadığın tek bir noktası kalmayana dek onu tanı. Sakın küsme, ondan sakın korkma. Acı da olsa, öfke de olsa, kırgınlık da olsa ona sakın düşmanınmış gibi davranma.

Acına ve sızına, öfkene ve yarana teslim ol.

Her ne olursa olsun, bir hissi hayatının denizine karıştırıp yok etmek istiyorsan onu görmeli, tanımalı ve kabul etmelisin. Bunu yapıp onun varlığına teslim olduğunda, bir anda hiçbir şeyin eskisi gibi olmadığını göreceksin. Onunla barıştığını, anlatmak istediklerini nihayet anladığını, hatta belki bir yerlerden tanıdığını hissedeceksin. O sana kendini tüm çıplaklığıyla gösterdiğinde sen de onu anlayacak, kim bilir belki içten içe seveceksin.

İşte o zaman gitmesine izin verebilirsin. Belki aylarına, belki yıllarına yayılan bir acıyı, iç rahatlığıyla kendi denizlerine dökebilir, onun tüm canlılığının sularına karıştığını görebilir ve nihayet hafifleyebilirsin.

Sen sadece kendine zaman ver.

Tüm yaraların ve çukurların, tüm eksiklerin ve kırıklarınla tam da bu sen, en çok senin tarafından sevilmeye ve kıymet görmeye değer.

fika

Kuzey ülkelerinden çıkan güzel bir fikir daha! Sadece bir kahve molası diye tarif etmek haksızlık olacak. Fika, her gün mutlaka en azından bir kez yapılan, kişinin sevdikleriyle bir araya geldiği, tercihen bir kahve ve taze birkaç şey atıştırırken sadece havadan sudan sohbet ettiği, hayata kısa bir mola verdiği zamanlara verilen isim.

Her gün mutlaka bir süre aklımızı sakinleştirmek, fikirleri tazelemek, yanında da lezzetli kahveler içmek. Kulağa çok iyi geliyor, acaba biz de mi adet edinsek?

37

Bazı günler var, insan kendi ayaklarına birer büyük taş parçası bağlıyor. Bir yanın hayata karışmaya, çalışmaya, bir şeyler yapmaya uğraşırken, kendi ellerinle ayaklarına bağladığın taşlar seni ilerlemekten alıkoyuyor. Cesaretini toplasan denize atlayacak, dibe batacaksın, bir yanın içten içe bazen bunu bile istiyor. Atlayamadın mı, öyleyse denizin kenarında öylece saatlerce oturacak, yerinden kalkamayacaksın; o konuşkan diğer yanın bile bazen susmaya razı geliyor.

Bazı günler insan kendine bile neden diye soramıyor.

Olmuyor mu, herkese oluyor.

Tam da böyle bir gündü. Bana uzaktan bakan sahilde denizi izliyorum sanırdı. Oysa ben saatlerdir ayaklarımı kuma gömmüş, dizlerime kadar derine batmış, öylece duruyordum. Ne gitmek, ne kalmak, ne ilerlemek ne koşmak istiyordum. Hayatın sahil kenarında sadece duruyordum. Kelimenin tam anlamıyla karaya vurmuş, zamanla un ufak olup kuma karışacak bir deniz kabuğu gibiydim.

Tam öyle bir günde, nereden çalındıysa kulağıma, bir cümle çıktı karşıma. Duyduğumda ayaklarımı hemen kumdan çekemedim, heyecanla denize koşup serin sulara dalamadım. Sadece sakinledim. Rahatladım. Sanki uzun zaman sonra bir dalga vurdu kıyıya ve ben saçlarımı açıp nihayet onun rüzgârına bıraktım.

Bazı günler insan en ufacık bir nefese bile ihtiyaç duyuyor.

Yetmiyor mu, bazen çok bile geliyor.

Bu cümle de öyle oldu.

"Doğada her mevsim tomurcuklanıp sürekli yeniden çiçek açan hiçbir bitki yoktur."

Hepsi buydu.

Bunun ismi nadastı. Ve aklımın tarlalarını sürmeden bir süre dinlendirmek asıl ihtiyacım, hatta bazen fark etmeden yaptığımdı.

Daha önce de kendimi bu halde bulduğum zamanlar oldu. Aynı sahilin farklı noktalarında bazen ayaklarımı, bazen ellerimi, bazen başımı kuma gömdüm. Çoğunu kendimi yiyip bitirerek, durmaktan hep kaçan tarafımı dinleyerek, onun sözüne kanıp diğer tarafımı azarlayarak geçirdim. Üretmeden, yazmadan, düşünmeden, mecburiyetler pastasının sadece kremasını sıvayıp üzerine bir tek kiraz koymadan geçirdiğim her bir günü kendime zehir ettim. Çünkü hep çiçek açmam, hep taptaze renkler vermem, hep mis kokmam gerektiğini düşündüm. Oysa benim tarlalarımın da ayrık otlarından temizlenmeye, ekilmeden, sürülmeden, üzerine basılmadan durmaya ihtiyacı vardı.

Hepsi bu.

Bu, hepimizin ihtiyacı.

İstersen kendini kuma göm, istersen ayaklarına taşlar bağla. İstersen kulaklarını herkese tıka, istersen ağzını hiç açma. Hepsi senin hakkın. Her zaman parlak renkli çiçekler açmak, her bir sözünle karşındakini büyülemek, sürekli üretmek, durmadan yaratmak, başarıyla çoğalmak zorunda değilsin. Düşmek de, durmak da, sadece uzağa bakmak da isteyebilir canın. Bazen sadece gerekeni yapabilir, günü kurtarabilirsin. Bazen kafan karışık, bazen ayakların uyuşuk olabilir, her şeye üşenebilirsin. Bazen yıkılabilir, yattığın yerden bir daha hiç kalkamayacak gibi hissedebilirsin. Bazen yolda yürümektense pencerenin diğer tarafında oturabilir, hızla yürüyenlere bakarken bile yorulabilirsin.

Bu, kızgın tarafımızın savunduğu gibi tembellik değil.

Bu, sadece nadas. Ruhunun dinlenme zamanı.

Kendini hafiflet, ne kadar zamana ihtiyacın varsa kendine bu hakkı tanı.

Aklını nadasa, yemeğini kısığa al. Tarlalarının kapısını bir süre kapa.

Ayakların kumda, aklın dalgada, gözün ufukta, madem öyle git vur karaya.

wabi sabi

Japon estetiği denince akla ilk gelenlerden, en çok bilinenlerden. Eksik, geçici ve mükemmel olmayandaki güzelliği, zenginliği ve biricikliği anlatır. Doğada hiçbir şeyin sonsuza kadar ayakta kalamayacağını, tamamlanamayacağını ve hiçbir şeyin mükemmel olmadığını savunur. Hırkanın düğmesi kopsa da onu o haliyle giymeye devam et der mesela, çatlayan bir fincanı ufak bir bitkiye saksı yap. En parlatılmışı değil, en gerçeği, zamanla en çok aşınmışı savun. Güzeli ve doğalı mükemmel olmaya çalışanda değil hakiki olanda görmeye çalış.

Belki en önce, en başta kendinde.

38

Kendimize sürekli bir inat ve daha da sabırlı bir hoşgörüyle hatırlatmalıyız ki, hiçbir şey mükemmel olmak zorunda değil. Gerçekten.

Ne fikirlerimiz, ne bedenlerimiz, ne yazdıklarımız, ne yaptıklarımız... Elimizden gelen neyse tamam, o kadar olsun. Dalgaların aşındırdığı kuytularımıza temiz sular dolsun. Zamanı gelip güneş üstümüze vurduğunda hayat kendini olduğumuz kadarının içinde bulsun.

Hepsi bu, bu yeter.

Hem hakikaten, kendimizi bir kendimize bir başkalarına beğendirmeye uğraşmakla ömür mü geçer?

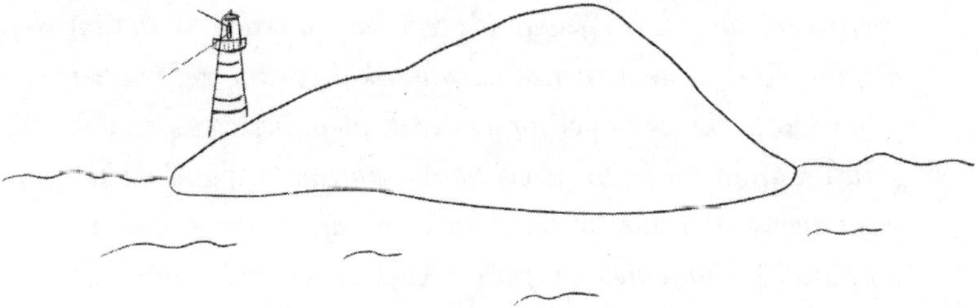

39

Birbirine çok benzeyen ve birbirine hiç benzemeyen, hiç değişmediğimi sandığım ve her defasında başka bir insana dönüştüğüm yazların birinin göbeğinde, ağustos ayındayım. O zamanlar daha da atıl, daha da uzak, daha da unutulmuş gibi duran, yapayalnız ve sessiz bir adanın, kuşların uçmadığı, kervanların yolunun düşmediği bir tepesinde, taş bir evin sonsuzluğa doğru uzayan bahçesindeyim. Deniz çok uzakta görünüyor; ufuk çizgisi denizle birleşiyor. Gel gör ki dört tarafı denizlerle kaplı bir kara parçasının üzerinde durmama rağmen benim aklım bu toprakları hiç denize yakıştırmıyor. İçimdeki his her gün milim milim genişleyen bir ıssızlık. Bu adada günler öyle yavaş akıyor ki, ben sanki hiç büyümüyorum ve bu adada zaman öyle garip ilerliyor ki sanki üzerimizden geçen yıllara rağmen kimse yaşlanmıyor.

Yaşadığımız taş evde elektrik yok; o da birçok şey gibi sadece köyün içinde yaşayan şanslı ve ufak bir zümre için mevcut. Kış aylarını İstanbul'da herkes gibi geçirirken, ağustos ayı geldiğinde tepedeki bu evde 11 ayın tüm alışkanlıklarını değiştirmek zorunda kalıyorum. Adaya her gün vapurla ekmek de geliyor gazete de fakat hepsi çok az, çok sınırlı. Canımız dondurma çektiğinde karton kutulardaki kayısılı meyve sularının bir tarafına kaşık saplanıyor, sonra onlar gürültülü bir aküyle çalıştırılan küçücük buzdolabının buzluğuna atılıyor. Birkaç saat sonra "hiç yoktan iyidir" dondurmalarımız oluyor. Hayatımızdaki her şey el yordamı, her şey el yapımı, her şey el verdiğince. Adanın merkezine inmek gerekiyor bazen. Çocuklar arabanın arkasına atılıyor, o langır lungur gidilen kısacık yol bize eğlenceden sayılıyor. Evden medeniyete ulaşan yol öyle yalnız, öyle ıssız ve öyle tekdüze ki, ne giderken geldiğimizi, ne eve dönerken vardığımızı anlıyorum. Ne bizimkinden başka bir ev, ne bir tümsek, ne bir elektrik direği; sadece gözün alabildiğine tarla ve ucu bucağı olmayan üzüm bağları. Yol boyunca pencereyi açıp burnumu havaya dikiyorum; adada sürekli aynı rüzgâr esiyor. Alışık olmayanı sersemleten, alışanı yokluğunda uyutmayan cinsten, derin bir rüzgâr. Adanın rüzgârı hep kekik kokuyor.

Bunca hiçliğin ortasında ben zaman içinde kendimi oyalamayı öğreniyorum. Sürekli kitap okuyorum, birini bitirip nefes almadan diğerine başlıyorum. Bir yaz cilt cilt İnce Memed'ler geçiyor elimden, bir sonraki yaz bulduğum bütün Aziz Nesin'leri başucuma diziyorum. Bazen evin sırtını dayadığı çam ormanına gidip güzel kozalaklar topluyorum, sonra onlarla ne yapacağımı bir türlü bulamayıp içten içe üzülüyorum. Haftalar boyunca köpeğimin kendine bahçenin farklı yerlerinde çu-

kurlar kazdığını, rüzgârın estiği yöne göre her defasında farklı bir çukurda yattığını fark ediyorum. Doğa beni hep büyülüyor. Doğa, hareketsizliğinin içinde sabırla oturmaya cesaret edene müthiş bir devinim sunuyor ve ben tüm dünyanın zamanına sahip gibi izliyorum onu. Dünyanın gerçekte nasıl bir yer olduğunu, denizleri, gökleri, toprakları ve onların beslediklerini izliyorum. Yalnızlığımı yakın arkadaşım, tekliğimi mecburi cesaretim yapıyorum. Azla yetinmeyi en çok burada, en iyi bu yollarla öğreniyorum.

Elektrik olmadığı için akşam yemeği saati güneşin batışına göre belirleniyor. Yediğimizi adamakıllı görmek, sonrasında karanlık basmadan bulaşıkları yıkayabilmek için herkes erkenden masaya oturuyor. Masadan kalkmaya yakın hafif bir karaltı yayılmaya başlıyor etrafa, birileri bir yerlerden gaz lambalarını çıkarıp yakıyor. Fitil masanın ortasında uzun uzun ışıldıyor.

Saatler ilerledikçe herkese sessizlik çöküyor, cırcırböceklerini duyuyoruz sadece, bir de havada asılı duran kekik kokusunu. Zifiri karanlık bir büyü gibi üzerimize seriliyor; okuldaki arkadaşlarımın aksine karanlık bana hiç korkutucu gelmiyor. Sanki ortalık karardıktan sonra gözümüzün gördüğü her şey bizim ona yüklediğimiz anlamından kurtulmaya, sadece kendisi olmaya başlıyor. Ve bizler artık sanki herhangi bir kara parçasının üzerinde değil, sadece uzay boşluğunun ortasında yaşıyoruz. Her akşam mutlaka bir fırsatını bulup bahçenin orta yerine atıveriyorum kendimi sırtüstü. Bacaklarıma her seferinde kurumuş başaklar

batıyor. Alelacele altıma bir örtü getiriyorlar. Biliyorlar çünkü, ben bir yattım mı kalkmak bilmiyorum. Samanyolu üzerimizde efsunlu bir halı gibi seriliyor. Ben çocuk gözlerimin alabildiği, başımın dönebildiği kadar uzun bakıyorum gökyüzüne. Yanıp sönenlere, sabit duranlara, şanslıysam kayanlara, çok uzak olanlara, yakın gibi duranlara... Yattığım yerde ciğerime doluyor yıldızlar. Kendimi her defasında daha çok onlara ait ve onlarla kardeş hissediyorum. Uykuya dalmadan önce bu his tüm ninnilerden daha fazla yumuşatıyor içimi.

Sıradan şehirli hayatın birçok nimetinden uzakta geçen günler ve geceler, aylar ve seneler bir yandan içimde hiç kapanmayacak oyuklar açıyor, diğer yandan çoğu kimsenin unutup kurak bıraktığı tarlalarımı besliyor. Hiç sıkılmadan karınca yuvalarını seyrediyorum saatlerce. Birbirinden sadece birkaç karış uzaklıkta açılmış, toprağın ortasındaki iki ufacık kara delik heyecanlı bir film gibi beni kendine çekiyor. Karıncaların telaşına, sırtlarında taşıdıklarına gösterdikleri özene, hızlarına hayranlıkla şaşıyorum. Ağustosböceği sazını çaladursun, bir La Fontaine masalı gözlerimin önünde yaşanıyor her defasında; karıncalar gerçekten ciddiyetle kışa hazırlanıyor. Sadece onlar değil, hiç fark etmeden ben de kışa hazırlanıyorum orada, onlarla. Okuduğum, izlediğim, düşündüğüm, heyecanlandığım, merak ettiğim ve özlediğim her şeyle kendimi önümdeki aylara, yıllara hazırlıyorum. Bir yandan aklım hayatla esnekleşiyor, bir yandan kabuğum kendini hiç hissettirmeden giderek daha da sertleşiyor.

Sonsuz bir hiçliğin ortasında yükselen, tepede-

ki taş evin bahçesinde kendimi bunlarla şekillendiriyorum yıllarca. Dünyayla, onun altı ve üstüyle. Onun sundukları ve sakladıklarıyla. Onun açık ettiği mucizeler ve sakladığı gizemlerle. Ben yıllarca hiç sıkılmadan bunları tadıyor, çiğniyor, yutuyor, sindiriyorum.

En doğru dersleri hep doğadan öğreniyorum. Ve belki de bu yüzden ben çocukluğumdan beri ne yalnız kalmaktan, ne sonsuzluktan, ne de karanlıktan korkuyorum.

40

Sevgili kardeşim,

Kimsin, neredesin, bu sıralar neler yapar, neler düşünürsün, bilmiyorum. İnsan dediğinin bir günü bir gününü tutmuyor, her gün aklına farklı tilkilerin kuyruğu takılıyor, seni de anlıyorum.

Sana içtenlikle kardeşim diyorum, çünkü kardeşim olduğunu hiç kimseden bir şey öğrenmediğim, kimsenin fikirlerini dinlemediğim, hiçbir baskı altında kalmadığım sürece çok iyi biliyorum. Bugün bu gezegen üzerinde benim gibi nefes alan, yaşayan, ayakta kalmaya çalışan her canlı gibi, sen de benim hiç tanımadığım milyarlarca kardeşimden birisin. Bunu söylemekten çekinmiyorum, korkmuyorum ve utanmıyorum.

Hayat hakkında çok fazla şey bildiğim söylenemez. Belki yaşımdan, belki bu bilgileri alabilen kabımın genişliğinden, belki de sadece olan biteni anlayamayacağımı zannettiğimden. Ama zaman içinde yaşadıklarımdan aldığım dersler ve doğruluğunu defalarca test ettiğim gerçekler var. Öyle şeyler ki bunlar, yaşadığımız sürece içimize işleyenler sanki hep aynı kurallar. Yanlış anlama, sana bir şeyler öğretmek için değil, sadece kendim unutmamak için bunları buraya yazıyorum.

Sevgili kardeşim, bugün, tam şu anda her ne hissediyorsan lütfen bunu bil; her şey geçici. Hissettiğin değişecek. Başına gelenler aynı kalsa bile, bir süre sonra aynı şeyleri hissetmiyor olacaksın. Belki büyüyecek, belki azalacaksın. Ama hiçbir his bıraktığın yerde kalmayacak. Çünkü sen doğanın bir parçasısın ve bu hepimize öğretilen ilk ders; hafızanı biraz zorlasan belki sen de hatırlarsın. Doğada hiçbir şey aynı kalmaz, bildiğin hep değişir, gördüğün hep dönüşür. Sen de hep değişecek, dönüşeceksin.

Lütfen her düşündüğüne inanma. Bu bir yandan çok basit, bir yandan da anlaşılması çok zor bir cümle. Düşünceler ölüdür, eskidir, tarihtir. Düşünceler sen istemesen de yaşadığın, duyduğun, sandığın ve inandığın yüzlerce fikir ve olayla yoğrulmuştur. Aklından geçmesi, hatta tam da o an geçmesi bazen hiçbir şey ifade etmez, çoğunlukla aklını karıştırmaktan ötesine gitmez. Düşüncelerine güvenip kızma, üzülme, sinirlenme veya sevinme. Onları tart, dikkatlice gözle. Nelerle yoğrulduklarını, hamurlarına nelerin katıldığını anlamaya çalış.

Duygularına da aynısı yap. Onları yeni, yepyeni bir dil öğreniyormuşsun gibi dinle, sonra nazikçe kelimelere dök. Unutma, bazen duygular düşüncelerin, bazen de düşünceler duyguların yavrusudur. Bazen önce hiç yoktan hisseder, sonra düşünceye varırsın. Bazen ise önce düşünür, sonra düşüne düşüne bir hissin yoluna çıkarsın. Düşünceler hiç tahmin edemeyeceğin diyarlardan sana ulaşabilir, duygular da öyle. Lütfen her düşündüğüne inanma ve güvenmediğin fikirlerin doğurduğu hisle yürüme.

Bu dünyada senden daha önemli hiç kimse yok kardeşim. Benden, sokak lambasının altından geçen adamdan, biraz önce bir yerlerde doğan ve asla tanımayacağımız binlerce çocuktan ve şu anda nefes alan tüm diğer kardeşlerimizden daha önemlisi olmadığı gibi, senden de daha önemli hiç kimse yok. Lütfen bunu bil. Lütfen önce bunu, sonra kendi kıymetini ve hayatı paylaştığın her bir insan için önemini bil. Kendini hiç kimseden küçük görme ve aynı şekilde kendini hiç kimsenin önünde yüceltme.

Karşında kim olursa olsun ve sana nasıl davranırsa davransın, sen sadece kendinden sorumlusun. Kendi iyiliğinden ve çevrene yaydığın sevgiden. Aklından geçen kelimelerden ve doğurduğun cümlelerden. Savunduğun fikirlerden ve inandığın değerlerden. Sen, sadece senden sorumlusun. Lütfen kötülüğün seni kendisine benzetmesine izin verme. Bu gezegen sevgiyle dönüyor, doğa sadece sevgiyle ayakta kalıyor. Ve sen de biliyorsun, hepimizi günün sonunda sadece sevgilerimiz, inceliklerimiz ve nezaketimiz kurtarıyor.

Sevgili kardeşim, kimsin, neredesin, bu sıralar neler yapar, neler düşünürsün bilmiyorum. Ama içtenlikle bilmeni istiyorum ki, başına ne gelirse gelsin, zaman zaman kendini ne kadar yalnız, hırpalanmış ve tozlanmış hissedersen hisset, sana her zaman kendime güvendiğim kadar güveniyorum. Tıpkı hayatın da aslında hiç belli etmediği, ama her adımımızda bize hep kol kanat gerdiği ve içtenlikle güvendiği gibi...

41

Kristof Kolomb Amerika kıyılarına ulaştığında, orada yaşayan yerlilerin onu fark etmedikleri, burunlarının dibine kadar gelen gemileri göremedikleri söylenir. Çünkü bu insanlar ömürlerinde daha önce hiç gemi görmemişlerdir. Akıllarında öyle bir fikir, bir resim, bir olgu yoktur. Gerçekliği elbet tartışılır, ancak yüzyıllardır anlatılan bu hikayeye göre gemi karşılarında tüm heybetiyle durmasına rağmen yerliler onu göremez.

Kulağa masal gibi geliyor, oysa başka bir açıdan bakarsak insan yaşamı boyunca bunu defalarca tekrarlıyor.

Sen karşındakinde ne görüyorsan, aslında sadece sende de aynısı olduğundan.

Onda hayran olduğun güzellik de, seni çileden çıkaran her özellik de, yalnızca aynılarını kendinde de bulmandan.

Ben sana bakınca sadece kendimi görüyorum. Zenginliklerimi, eksikliklerimi, çirkinliğimi, güzelliğimi, zayıflıklarımı ve tüm kuvvetimi. Seni güzel buluşum kendimi sevdiğimden ve sana her kızışım, affedemediğim her bir beceriksizliğimden.

Hepimiz birbirimizin aynısı ve hepimiz bir diğerinin aynasıyız.

Bunu fark ettiğimizde yanacak bütün ışıklar.

Sen benimle aynısın; ben ne kadarsam, sen de o kadarsın. O kadar az, o kadar çok, o kadar varsın.

Sen de benim kadar sıradan, benim kadar eşsiz, benim kadar mükemmelsin.

Sen benim aynamsın; benim kendi içimde olabildiğim kadarsın.

Sana baktığımda gördüğüm sadece kendimim ve bana bakınca gördüğün, sadece sensin, kendinsin, kendinden bildiklerinsin.

Hepimiz birbirimizin aynısı ve hepimiz bir diğerimizin aynasıyız.

Bunu fark ettiğimizde yanacak bütün ışıklar.

Bana bak, kendini gör ve sonra her şeyin farkında var.

42

Sahip olduğumuz, üzerimize giydiğimiz ve çevremize gösterdiğimiz tüm katmanlar bir kenara, hepimiz sevmek ve sevilmek üzere programlanmış, tüm mevcudiyetinin gücünü aslında sadece bu fiilin kökünden alan, gel gör ki bunu çoğunlukla hep kırılganlıkla, acizlikle ve hatta zayıflıkla eşdeğer bulan organizmalarız.

Sevmek istiyoruz, sevmeyi özlüyoruz. Kendi canımızı yok saymak, onun canına dahil olmak, odalarından birinin bir köşesine kıvrılmak istiyoruz. Bazen sevilmeyi hiç umursamıyor, o konuyu alelacele arka cebimize atıyor, düşünmeyi sonraya bırakıyoruz. *Önce doya doya sevmeli.* Sonra vakti geliyor, bir ihtiyaç gibi sevilmek de istiyoruz. Çarpışmanın çıkardığı elektrik tüm bedenimizi titretiyor, patlayıcı dolu iki koca tırın yolun ortasında çarpışması gibi, insanın gün geçtikçe karşısındakine daha çok çarpası, daha çok patlayası geliyor.

Çünkü bizim gibi organizmaların motoru

sadece bununla bu kadar iyi çalışıyor. Çünkü bizim gibi organizmaların hayatı en çok severken lezzetleniyor.

Oysa çarpışma, bir patlamadan çok daha fazlasını doğuruyor. İki farklı kumaş, kaşla göz arasında birbirine yamanıyor. Gel gör ki çoğunlukla dikişlerin ne mukavemeti, ne hızı, ne de uzunluğu bir diğerine benziyor.

Hepimiz, eninde sonunda birer top kumaştan müteşekkiliz. Hepimizin dokusunu yaşadığımız her bir an, bize söylenen her bir kelime, unutulmayan tüm hisler, olan ve olamayan her bir olay oluşturuyor. Yıllar boyunca o kumaş o topun üzerinde sarılıyor da sarılıyor. Kat yerlerimiz, sökük uçlarımız, ince defolarımız, parlak desenlerimiz, sıkıcı düz kenarlarımız, hepsi biz oluyor. Ve zaman içinde şekillenen bu hepi topu bir top kumaş, bizim bir diğer bedene olan hevesimizin, sevgimizin ve aşkımızın tüm karakterini, gücünü ve zafiyetini belirliyor.

İşte tam burada, iki kişinin arasındaki bağ yeniden karakter, anlam ve renk kazanıyor. Bir tarafın kumaşı bir diğerine sıkı sıkı tutunmaya öyle teşne ki, daha ilk günden alıyor eline iğne ipliği, ayak bileklerinden başlıyor ufak ufak kendini ona dikmeye. O güne dek tutamadıklarından, elinden kaçırdıklarından ve kaybetmekten pişman olduklarından öylesine ağzı yanmış, bir yanı öyle buruşmuş ki, tek çareyi iğnede iplikte, sıkı sıkı dikilmekte buluyor. Oysa diğer tarafın kumaşı bambaşka yollardan geçmiş; o eteklerinin ucunu hep rüzgâra ver-

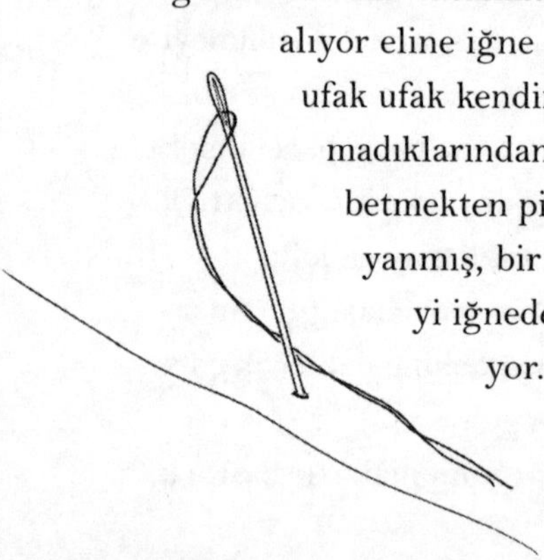

mek, hafifçe uçuşmak istiyor. Ya hiç bilmiyor bir yere bağlı kalmayı, ya yakın zamanda kendini kalın bir dikişten zor kurtarmış. Göğsünün ortasından geçen eski söküklerden temizlenmeye çalışıyor. Yok, öylesine de ne kadar uğraşırsan uğraş, tek bir teyel bile atılamıyor.

Bir yanda ilmek ilmek birbirine tutunup bağlanmak, diğer yanda her bir adımı çift dikiş ilerleyerek yüzünü ve tüm bedenini sadece ona dönmek bir kitabın iki ucundaki iki apayrı bölüm gibiyken, insan bazen başına gelenin hangisi olduğunu bile ayıramıyor. Bağlandım sanıyor, bağımlılıktan ötesine yürüyor. Birinin keyfi adımları, diğerini mecburen yürütüyor. Birinin verdiği her bir nefesi, diğeri mecburen içine çekiyor. Böyle zamanlarda insanın kendini zorlayarak resimden çıkarması, olan biten her şeye dışarıdan bakması, içindeki tüm radarları uyandırması, olabilecek tüm zehirli dikişleri teker teker kesmesi gerekiyor. Sevmek öyle bir şey ki çünkü, çoğunlukla kendinden başka hiçbir kuvvetin sesinin çıkmasına izin vermiyor.

Bizim gibi organizmalar sırtını dayamak, başını yaslamak, bir dize uzanmak istiyor. Bizim gibi organizmaların hayatı en çok paylaşıldıkça tatlanıyor.

Birine kalpten bağlanmak ne kadar insani ise, ona tüm ihtiyaçlarıyla bağımlı hale gelmek insanı o kadar azaltıyor. Hepimizin bunu anlaması, kendini izlemesi, bazen zor da olsa ipleri gevşetmesi gerekiyor. Kumaşımızın dokusu, kendimizi tam olarak nerelerimizden ve hangi iple nereye tutturmak istediğimiz aslında bize bizim hakkımızda en büyük tüyoları veriyor.

Belki senin için de bunun zamanı gelmiştir artık. Önce bir kendine dön, sonra o iğne ve ipliği bir süre yere bırak. Kendi kumaşına, deliklerine, söküklerine, katlanman ve açılman gereken yerlerine bak. İzin ver etekleriniz uçuşsun, izin ver saçlarınız rüzgâra karışsın. İzin ver, her ikinizin de yüzü gün boyu farklı yerlere baksın sonra hava kararınca iki baş birbirinin omzuna dayansın.

Bizim gibi organizmalar açık sularda gezinmeyi de seviyor elbet, ama aslında tanıdık taşların hiç kimsenin görmediği kuytu köşelerinden aldığı zevki de başka hiçbir şeyden alamıyor.

bırak

Çok uzun zaman boyunca, parayla satın alınabilen ne kadar çok şeye sahip olursak o kadar zengin olacağımıza inandırıldık. Hep daha çoğunu, daha fazlasını istemeye alıştırıldık. Artık tam tersini deneyimleme vakti.

Bu kış biterken sahip olduklarına, dolaplarını dolduranlara bir bak. Hiç giymediklerini bir kenara ayır, gerekirse uzun uzun vedalaş. Bu uzun kışı onlarsız geçirebildiysen, emin ol bir sonrakini de geçirebilirsin. Bırakmayı, elden çıkarmayı, paylaşmayı, tamamen kurtulmayı dene. Sen fazlalıklardan kurtuldukça yeni gelecek olanlara yer açılacak, sen paylaşmaya başladıkça hayat sana daha bonkör davranacak. Giymediğin giysileri paylaş, sana yük olan ilişkilerden kurtul, aklını dolduran gürültülü düşünceleri birer birer sustur.

Sen de biliyorsun, aslında çoğuna ihtiyacın yok.

Ve biraz hafifle. Bunca yük hepimize çok.

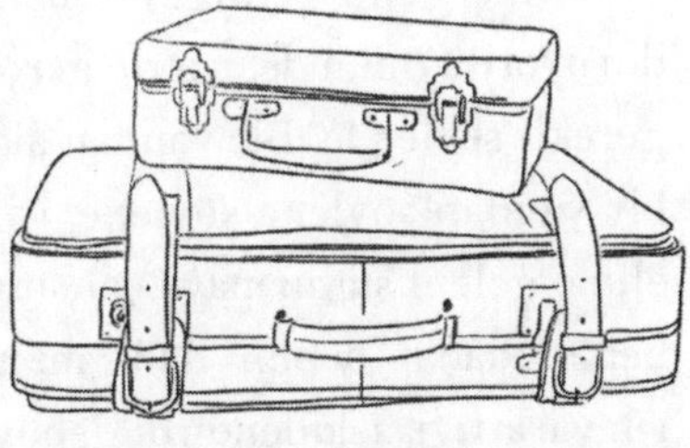

43

Üniversite için yurtdışına gitmeye sayılı günlerim kalmışken, bir gün annem odama iki tane bavul getirdi. "Birine giysilerini, diğerine de gerekli ne varsa onları koyarız" dedi. Giysiler, "diğer gerekli şeyler" ve sadece iki bavul.

18 yaşında, tüm hayatını kocaman bir odaya doldurmuş, yıllar içinde yayıldıkça yayılmış, sürekli bir şeyler almaktan hiç çekinmemiş olan benden, aynı hayatı katlayıp, sıkıştırıp, iki tanecik bavula sığdırmam bekleniyor sanmıştım. Çünkü böyle olmalıydı. Çünkü ben neyim var neyim yoksa, o güne dek benim dediğim ne varsa hepsini yanımda taşımalı, onlarla ben olmaya devam etmeliydim.

Gitme günü geldiğinde benzer iki bavul duruyordu önümde, içinde gerçekten "sadece gerekli şeyler"le. Bir yandan aklım kala kala, bir yandan söylene söylene, itiştire tıkıştıra elime geleni sığdırmaya çalışmıştım. Çünkü ben o odada, "benim" dediğim ne varsa onların yarattığı, şekillendirdiği, büyüttüğüydüm.

Hayır, değilmişim.

O gün evden çıktım, aynı odaya10 yıl sonra döndüm. 10 yıl boyunca 3 ülkede, 7 farklı evde yaşadım. Bir evi ev yapan her şey tek tek geçti elimden; her birinde küçücük de olsa kütüphanelerim, mutlaka sıra sıra kitaplarım oldu. Ufak dolaplarım, bazen bir çatı katından geniş ufuklara, bazen bir giriş katından karanlık bir apartman boşluğuna bakan pencerelerim oldu. 10 yıl boyunca bir sürü okula, sınıfa, derse girdim çıktım. Ama derslerde öğrendiklerimden katbekat fazlasını hep bu evlerde yaşarken öğrendim. En çok da bırakmayı ve azalmayı. Yıllar içinde kaybedemeyeceğimi sandığım ne varsa yolda bıraktım. Bazen arkama attım, bazısını cebimden düşürdüm, çoğunu bir yerlerde unuttum. Vazgeçemem dediklerim gün geldi çantama ağırlık, sırtıma fazlalık oldu. Ben tam 10 yıl, 3 ülke ve 7 farklı evden sonra, yola çıktığım odaya yine iki bavulla, ama onlarca kilo daha hafif döndüm. Bırakmanın ne kadar zenginleştirici bir şey olduğunu en iyi o zaman gördüm.

Bir daha hiç eskisi gibi olmadım. Hâlâ çok az eşyam var; oldukça az giysim, dönüp dönüp giydiğim birkaç çift ayakkabım... Ve bugün önüme yine aynı iki bavulu koysalar, birini doldurur, ikinciyi muhtemelen taşıyamam diye kenara itelerim.

Biliyorum, bırakmak zor. Vazgeçmek zor.

Hepimiz sahip olmaya alıştık, bunun için eğitildik, bunun için çalıştık. Hep daha fazlasına, daha iyisine, daha hızlısına, daha dikkat çekicisine heves ettik. Bazen kendimize en yakın hissettiğimize sarıldık, bazen çok uzak olsa bile sadece bizi iyi hissettirene. Hepimiz sahip olduklarımızla biz olduk sandık, yedekledik, istifledik, ne olur ne olmaz dedik. Depoladık ve sakladık, sonra unuttuk ve orada öylece bıraktık. Sahip olmayı, varlıklı olmak sandık. Hep daha çok almaya, daha çok hissetmeye, görmeye ve bilmeye alıştık. Sanki duymadıkça, bilmedikçe hep eksik kaldık.

Biliyorum, bırakmak zor. Bırakmak hiçbir zaman çalıştırdığımız, kuvvetlendirdiğimiz, bizi korumasını istediğimiz bir kas değil. Bırakmak bizim aşil topuğumuz, kaybettikçe seğiren gözümüz, elimizdeki azaldıkça kendini büyüten blöfümüz. Oysa bırakmak, bir hayata verilebilecek, o hayatı zenginleştirecek en büyük hediye. Aklını, dolabını veya fikirlerini, hangisinden istersen oradan başlayarak sadeleştirmek, bir ömre katılacak en güzel renk. Azaldıkça çoğaldığını, paylaştıkça zenginleştiğini bir kez fark etmek bir daha hiç geri dönülmeyecek, yürüdükçe yürünen tertemiz bir yol.

Nereden başlamak istersen, ne zaman hazır hissedersen; bir şeyleri bırakmayı, yükünü hafifletmeyi dene. İstersen dolabındaki fazlalıkları, istersen aklındaki faydasız fikirleri, istersen hayatında zorla tuttuğunu düşündüğün insanları. Bırak, hepsi yolunu bulsun. Paylaş gitsin, dağıt gitsin, unut gitsin.

Fikirler elbet aklına gelecek yine. Gör onları ama bu sefer sıkı sıkıya bağlanma, bırak gelsin ve gitsinler. İnsanlar elbet karşına çıkacak yine. Kendini artık onlara zoraki ilgiler, sevgiler göstermeye mecbur hissetme; hepsini kendi yoluna bırak. Kelimeler elbet ağzına gelecek yine, bu sefer biraz susmayı dene. İki kere düşün veya olduğu gibi vazgeç söylemekten.

Sakin ol. Bırakmanın, dönüşmenin, verilenin her ne olursa olsun mutlaka misliyle gelmesinin sihrini izle. Daha az yemekle doymanın, daha az hareketle işe yaramanın ve kendini daha az kelimeyle anlatmanın sadeliğinin tadına var. Ufak ufak ve sadece kendi hızında.

Giderek daha az, olabildiğince daha yavaş.

Çokla değil, azla var olabilmek marifet.

Ve koşarken terlemek değil, durduğun yerde ışıldamak gerçek başarıya işaret.

44

Bir ağrıyı, bir de peşinden gelen çağrıyı yok sayma.

Çünkü bazen insanı çok yanlış yollardan kurtaran önce gürültülü bir ağrı, sonra da onu mutlaka takip eden çok sessiz bir çağrı oluyor. Birini duymamak imkânsızken, diğerinin varlığını bile hissetmek çok güç oluyor.

Her şey önce ufak bir can acısı, belki kaşınma veya ince bir sızıyla başlıyor. Biliyorsun, hissedebiliyorsun bir rahatsızlık var, yolunda gitmeyen bir şeyler. Aslında trenin rayında ilerliyor. Fakat biraz dikkatle baksan görüyorsun, raylar doğru yöne bakmıyor. Gitsen gidersin, evet gitsen mutlaka ilerlersin. Arada bir soluklanır, yolunun üzerindeki birkaç istasyonda durur, alacağını alır, bırakacağını bırakırsın. Yıllarını bu yolda geçirir, dışarıdan bakanlara harika resimler çizebilirsin. Fakat öyle olmuyor. Hiç beklemediğin bir anda bir yerlerine iğneler batıyor, sırtın tutuluyor, ayakların ağır ağır karıncalanıyor. Sanki daha önce varlığından bile haberinin olmadığı bir kasın sızlıyor. Yok diyor sana inatla, bu raylar doğru yöne gitmiyor. Sen boş veriyorsun. Çünkü yorgunsun, çünkü bu yola alışıksın, çünkü bir kere o sesi duymaya başlasan hiçbir şey aynı kalmayacak, biliyorsun. Üşeniyorsun. Gece iniyor, kompartımanların sessizleşiyor. Çok uzaktan bir düdük sesi duyuluyor, tren gece mesaisine başlıyor. Çıkıyorsun ranzanın üst katına, dönüyorsun sırtını küçük odana. Unutuyorsun.

Sonra fakat, o küçük sızı kuvvetlenmeye başlıyor. Her gün, her gece biraz daha. Başın ağrıyor, uyutmaz oluyor. Ne tepende yanan titrek ışığa dayanabiliyorsun ne herhangi bir sese. Gözlerin görmez, aklın almaz oluyor. Ara ara aklına sağdan soldan duyduğun tren kazaları geliyor. Nasıl olduğuna akıl sır erdiremediğin, çok güvenli olduğunu sandığın yollarda devrilip kalmış trenleri anlamaya başlıyorsun. "Oluyor demek ki" diyorsun, "olabiliyor." Ağrı aklından omurgana iniyor, geceleri huzursuz bacakların seni uyutmuyor, uyuşuk ayaklarında bir ileri bir geri karıncalar yürüyor. Tren yolunda gidiyor gitmesine, ama sen onunla gidemiyorsun.

Gel gör ki hiçbir ağrı yalnız gelmiyor. Aslında her ağrı boğazının içinde kendi çağrısını taşıyor. Fakat öyle sessiz ki çoğunlukla hiç duymuyorsun. Ya o senden çekiniyor, ya sen onu görmezden geliyorsun. Ağrı dayanılmaz olduğunda ona hiçbir şey anlatma fırsatını vermiyorsun, ağzını açmıyor, doğruca mutfağa gidiyor, bir ilaç alıyorsun. Hepsi bu. Ağrıyı yok etmiyor, zayıflatmıyor, sadece sesini kesiyorsun. O sana ağzını açıp senin için getirdiklerini ortaya dökemeden, onu birkaç yudumda susturuyorsun. Sen ilacını, ağrı çağrısını yutuyor. Bir sonraki sefere kadar. Senin mutfağa yönelmeyeceğin, onu fark edeceğin sefere kadar. Eğer olursa...

Bir ağrıyı, bir de onunla birlikte gelen çağrıyı yok sayma.

Belki bir gün kalbin ağrıyacak, belki başka bir gün bacakların uyuşacak. Belki avuçların kaşınacak, belki gözlerin yanacak. Bedenin seninle elbet konuşacak. Bir kez olsun nedenini görmeyi, onu dinlemeyi dene. Ağrının sana anlattıklarını anlamaya çalış. Sana nasıl doğduğunu, nereden geldiğini, senin treninin hangi yöne sapması gerektiğini anlatsın. Bırak, ağrın ağzını açsın. Dayanabildiğin kadar dayan, bırak ağrıdıkça anlatsın. O anlattıkça çağrısı yükselsin, senin ağrın sakinlesin.

Sen kendi çağrını duymadığın sürece her sabah düdükler aynı istasyon için çalıyor, trenin aynı rayların üzerinde gidiyor.

Evet güvenle, ama evet maalesef yanlış yöne.

45

Büyüdük mü şimdi? Tam olarak ne zaman, nerede, hangi noktada?
Büyümekten ne anladığımız muhtemelen hepimize göre farklı. Bir sürü okul bitirmek, önce doğru bir evlilik sonra mutlaka bir çocuk yapmak, kâğıt üzerine sıra sıra dizilen başarıların altına ıslak imzalar atmak sahilin en sığ ve rahat, denizin en yavaş ve tehlikesiz kısmı. İnsan ne zaman ki bunları arkasında bırakıp sahilden denize doğru yürümeye kalkışıyor, işte o zaman başka yönlere doğru büyümeye başlıyor. Kendisinin hiç tanışmadığı köşeleriyle tanışıyor; bir de aslında gerçekten istedikleri ve ona zorla sevdirilmeye çalışılmış tonla hikâyeyle.

Bazen dilinin ucuna gelen her şeyi konuşmamayı öğreniyor, bazen de içinde tutmamayı. Ayağı hâlâ yere basıyor ama suyun içinde yürüdükçe özveriyi, nezaketi, anlayışı ve ağırbaşlılığı tadıyor. Her birinde bir ufak dalga gelip dizlerine, kasıklarına, karnına çarpıyor, insan her biriyle yeniden ürperiyor.

Bazısı denize girmiyor bile, bir ömür sığda oyalanıyor. Denizin hafif hafif çarptığı yere rahatça oturup elleri sıcak kumda, ayakları şıpır şıpır suda öylece yaşayıp gidiyor. Bazısı girmeye yelteniyor denize; sonra ya üşüyor, ya üşeniyor. Bazen gerisingeri çıkıyor, bazen olduğu yerde yıllarca dikiliyor. Ne öğrenirse, durduğu yerde ne kadar büyüyebilirse yanına kâr sanıyor. Yalandan su alıp avuçlarına, omuzlarını, yüzünü ıslatıyor. Öğrenmiş gibi, zorlanmış gibi, sonunda suya alışmış gibi yapıyor.

Kimileriyse daha ileri gidiyor. Ya kendi karar veriyor bir cesaret, ya hiç beklemediği ters bir dalga onu arkasından itiyor. Bir anda ayakları yerden kesiliveriyor, tüm bedeni suya dalıyor. Her saniye daha derine. O zaman işte, derinin çok kayıp bir yerlerinde insan aslını görüyor. Sıcacık kıyıların, şıpır şıpır sığların, ayağı yere basan güvenli anların göstermediklerini görüyor. Büyümek denen şeyin geçen yıllarla da, mecburi başarılarla da ilgisi olmadığını anlıyor. Belki de büyümek bazen sadece olduğu yerde durarak, dururken içini dinleyerek, dinlerken o sesi gerçekten anlamaya çalışarak oluyor. Büyümek her istediğini söyleyerek değil, daha fazla susarak oluyor. Büyümek insanı daha zengin değil daha çıplak, daha gürültülü değil daha sakin yapıyor. Büyüdükçe insan kendini affediyor, derine daldıkça okşanması gereken yaralarını daha çok fark ediyor. Daldıkça kendinde daha çok kayboluyor, gözleri yandıkça daha çok yanıyor. Bir kere o derine dalmayagörsün, insan kendine yenilmeyi onlarca, zayıflıklarını sevmeyi yüzlerce defa kabul ediyor.

Büyümek dediğin zamanın geçmesiyle kendiliğinden olmuyor.

Acıyla, korkuyla ve belirsizliğe bedelsizce açılmakla oluyor.

Ve maalesef büyümek beraberinde coşkulu bir zevk değil, hep ince bir sızı getiriyor.

Varsın olsun. Kıyılar terk edilmeye, denizler derinlerinde yüzmeye değer.

Onca insan, çoğu zaman hiç büyümeden ölüyor.

Gel gör ki bunları nereden biliyorsun diye sorsalar verecek cevabım yok. Bazen aklımın içinde sular akıyor, ben sanki elime geçirebildiğimi yakalayıp kelimeye çeviriyorum. Sonra gün gelip dara düşüyor, kendi yazdıklarımdan kendime derman bulmaya çalışıyorum. Denizin neresinde olduğumu bile bilmiyorum bazen; bazen çok güçlü görünmeye çalışırken kendimi koşarak kıyıya kaçarken yakalıyorum. Hâlâ söylenmeyi bekleyen ama hep ertelediğim kelimelerim, hâlâ en sakin anımda aniden parlayan kızgınlıklarım, hâlâ yok saydığım ama bir köşeden beni sessizce izleyen korkularım var. Hepsinin farkındayım, hepsini çok iyi tanıyorum.

İnsanım, insanız.

Kendimize haksızlık etmeyelim.

Denizler her zaman engin ama zor zamanlarda kaçılacak kıyılar da her zaman bizim.

46

İnsanlara iyi gelmek, planlarımın arasında yoktu.

Aslında hayatta pek planım da yoktu.

Zaman zaman ne dediğimi kendim de bilmiyorken, yazdıklarımın hiç görmediğim, tanımadığım kalplere, akıllara, fikirlere dokunabileceğini hiç tahmin etmiyordum.

Yazılan bir tek cümleye teşekkür eden beş cümleyle, gözlerimi dolduran anlar ve hislerle, hiç tanımadığım kalplerin bana yakınımdaki birçok kalpten daha çok açılabileceğini görmemle, çok fazla fikir değişti aklımda ve hayatımda.

Daha çok anlamak istedim, daha çok dinlemek, daha çok paylaşmak ve daha çok konuşmak.... Oysa sorsalar başkalarına, pek de öyle canayakın görünmezdim.

Tüm bu süreç boyunca, sürekli aynı noktaya vardım. Hepimiz daha çok söylemeli, daha çok anlatmalı, daha çok dinlemeli ve daha çok anlamalıyız. Çünkü hepimiz insanız, hepimiz aynıyız. Birbirimizden hiçbir farkımız yok, aksine mutlaka her birimiz bir diğerinin bir ihtiyacıyız. Hepimizin başımızı yaslayacağı bir omza, bizi içtenlikle dinleyecek bir çift kulağa, sadece bakmayan ama gören gözlere ihtiyacımız var. Hepimizin içinde kalanları anlatmaya, yıllarca boğazında sakladıklarını ağlayarak boşaltmaya, ulaşamadıklarıyla girdiği savaşı nihayet bıraktığını itiraf etmeye ihtiyacı var.

Ve elbette, her şeyden önce bunu fark etmeye.

İnsan neyle savaşıyormuş gibi görünürse görünsün, o savaşın sebebi hep kendisi çıkıyor. İster işiyle, ister düşünceleriyle, ister ilişkileri, ister eşiyle olsun, her mücadelenin sonu insanın karşısına kendisini çıkarıyor. Kendi eksikleri, kendi zayıflıkları onun karşısında bazen bir canavar, bazen ulaşılmaz bir madalya gibi salınıyor. Ve gerçekten öyle; insan kendisiyle barışmadan hiçbir madalya kazanılmıyor.

Lütfen dinleyin insanları. Söylemek istediklerini duyun. Duymaya hazır olun.

Hiç tanımadıklarınızı, göz göze gelmekten kaçındıklarınızı, korktuklarınızı, çekindiklerinizi dinleyin. Sadece aynı olduğunuzu anlamak için dinleyin.

Hepimiz aynıyız. Ve hepimiz ne kadar kalabalık olursak olalım, yalnızız.

Hiçbirimiz göstermek istediğimiz kadar güçlü, bilgili ve kendinden emin değiliz. Hepimizin hiç durmadan titreyen bir teli, altına bir şeyler sıkıştırmadığı sürece yere sabit basmayan bir ayağı var.

Emin olun, var.

Dinleyin, görün, önemseyin.
Hepimiz ilgiye muhtacız.
İçi boş sohbetlere değil, anlaşılmaya açız.
Hepimiz kırılganız, hepimiz insanız.
Ve hepimiz çok kısa bir süreliğine buradayız.
Gerçekten, hepimiz.

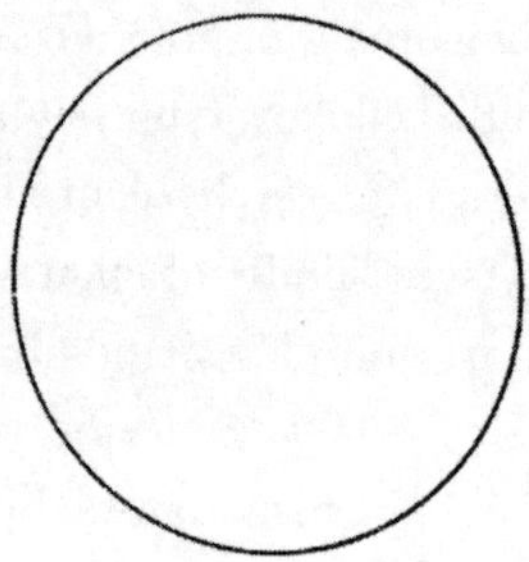